Religiões no Oriente contemporâneo: adaptações, transformações e influências

inter
saberes

SÉRIE PANORAMA DAS CIÊNCIAS DA RELIGIÃO

Religiões no Oriente contemporâneo: adaptações, transformações e influências

André Bueno

Rua Clara Vendramin, 58 | Mossunguê | CEP 81200-170 | Curitiba | PR | Brasil
Fone: (41) 2106-4170 | www.intersaberes.com | editora@editoraintersaberes.com.br

Conselho editorial Dr. Ivo José Both (presidente) | Drª Elena Godoy | Dr. Neri dos Santos | Dr. Ulf Gregor Baranow ‖ *Editora-chefe* Lindsay Azambuja ‖ *Gerente editorial* Ariadne Nunes Wenger ‖ *Assistente editorial* Daniela Viroli Pereira Pinto ‖ *Preparação de originais* Gustavo Castro ‖ *Edição de texto* Palavra do Editor | Larissa Carolina de Andrade ‖ *Capa e projeto gráfico* Sílvio Gabriel Spannenberg (*design*) | Taylor Wilson Smith e Rayyy/Shutterstock (imagens) ‖ *Diagramação* Fabiola Penso ‖ *Designer responsável* Sílvio Gabriel Spannenberg ‖ *Iconografia* Regina Claudia Cruz Prestes

Dados Internacionais de Catalogação na Publicação (CIP)
(Câmara Brasileira do Livro, SP, Brasil)

Bueno, André
  Religiões no Oriente contemporâneo: adaptações, transformações e influências/André Bueno. Curitiba: InterSaberes, 2021. (Série Panorama das Ciências da Religião)

  Bibliografia.
  ISBN 978-65-5517-862-3

  1. Oriente e Ocidente 2. Religiões I. Título. II. Série

20-49334   CDD-200

Índices para catálogo sistemático:
1. Religião   200

Cibele Maria Dias – Bibliotecária – CRB-8/9427

1ª edição, 2021.

Foi feito o depósito legal.

Informamos que é de inteira responsabilidade do autor a emissão de conceitos.

Nenhuma parte desta publicação poderá ser reproduzida por qualquer meio ou forma sem a prévia autorização da Editora InterSaberes.

A violação dos direitos autorais é crime estabelecido na Lei n. 9.610/1998 e punido pelo art. 184 do Código Penal.

SUMÁRIO

8 | Apresentação
12 | Como aproveitar ao máximo este livro

15 | **1 Para entender as religiões no Oriente atual**
15 | 1.1 Conceito de *Oriente*
18 | 1.2 Religiões orientais e blocos culturais
20 | 1.3 O diálogo intercultural de Raimon Panikkar
22 | 1.4 As questões da identidade e da diferença
24 | 1.5 O ocidentalismo

30 | **2 Religiosidades no Oriente Médio**
30 | 2.1 O Oriente Médio atual
32 | 2.2 O islã no Oriente Médio
36 | 2.3 O sufismo
37 | 2.4 O Líbano e seus grupos religiosos
39 | 2.5 Expressões religiosas modernas e sincréticas
40 | 2.6 O judaísmo moderno pós-diáspora

50 | **3 Religiosidades na Ásia Central, no Afeganistão e no Paquistão**
50 | 3.1 A Ásia Central
53 | 3.2 O caso do Afeganistão
56 | 3.3 Paquistão

63 | **4 Religiosidades na Índia contemporânea**
64 | 4.1 Hinduísmo: um conceito recente
68 | 4.2 Manifestações do hinduísmo moderno
71 | 4.3 Nacionalismo hinduísta
73 | 4.4 Resistência sique
76 | 4.5 O budismo atual na Índia e no Ceilão
78 | 4.6 Cristãos e islâmicos na Índia
79 | 4.7 O hinduísmo em diálogo com o Ocidente

89 | **5 Religiosidades no sudeste asiático**
89 | 5.1 Indochina
97 | 5.2 Malásia e Indonésia
99 | 5.3 Filipinas

105 | **6 Religiosidades na China contemporânea**
105 | 6.1 O contexto chinês
108 | 6.2 Estado laico e controle religioso na China continental
109 | 6.3 O maior país budista do mundo
112 | 6.4 O daoísmo e a tradição chinesa
115 | 6.5 O novo confucionismo
119 | 6.6 O movimento cristão chinês
121 | 6.7 O caso da Falun Gong
123 | 6.8 A questão do Dalai Lama e do budismo tibetano
125 | 6.9 Taiwan: as tradições chinesas e a presença ocidental

133 | **7 Religiosidades no Japão e nas Coreias**
133 | 7.1 Religiões no Japão contemporâneo
143 | 7.2 Religiões nas Coreias

149 | **8 Religiosidades asiáticas e os trânsitos culturais**
150 | 8.1 Interesse pelas religiosidades asiáticas
153 | 8.2 A teosofia
155 | 8.3 Contracultura e Nova Era
158 | 8.4 Estudos das religiosidades asiáticas no Brasil

166 | Considerações finais
168 | Referências
180 | Bibliografia comentada
191 | Respostas
193 | Sobre o autor

APRESENTAÇÃO

Há um vasto campo de investigação que envolve as religiões orientais, conectando o mundo contemporâneo a suas raízes milenares. De Israel ao Japão, existe uma enorme diversidade de povos e religiosidades, que compõem a riqueza do quadro humano. Sob o guarda-chuva da palavra *oriente*, encontram-se diferentes denominações e sistemas religiosos: desde antigos cultos xamânicos até tradições politeístas, henoteístas e monoteístas essa vasta extensão geográfica conserva um panorama vivo do passado, reinterpretado à luz do mundo moderno.

Todavia, é necessário lembrar que as civilizações orientais presenciaram, principalmente depois do século XIX, o advento do período neocolonial europeu, que impôs seu domínio sobre esses povos e imprimiu profundas marcas em suas estruturas religiosas e políticas. Essas mudanças se refletiram diretamente nas formas como as crenças existentes nessa região são vivenciadas nos dias de hoje.

Portanto, as heranças do passado recente influenciaram a maneira como as religiões orientais se reconstruíram, com suas experiências sincréticas e com suas reaproximações com o campo político. A formação de novos países asiáticos esteve, em vários momentos, intimamente ligada ao ressurgimento de movimentos religiosos. Muitas das novas crenças originadas nesse fértil panorama de diálogos interculturais se expandiram para fora dos limites geográficos iniciais. Essas mudanças provocaram uma renovação nas estruturas das crenças mundiais, influenciando profundamente tanto o Oriente quanto o Ocidente.

No presente livro, buscaremos traçar um quadro atualizado das manifestações religiosas no vasto e multifacetado "Oriente" – entre aspas, pois essa palavra expressa um conceito complexo e de difícil abordagem. Historicamente, aprendemos a olhar as civilizações não ocidentais de maneiras confusas e superficiais, que contribuíram para a permanência do preconceito e do racismo. Perdemos de vista a diversidade e a diferença das culturas humanas e não percebemos o quanto podemos vivenciar em nosso cotidiano sob a influência oriental. Então, a fim de ajudarmos o leitor em sua caminhada para compreender um pouco melhor essa parte do mundo tão rica em ideias e culturas, estruturamos nosso livro em oito capítulos.

No Capítulo 1, discutiremos alguns dos conceitos necessários para nos aproximarmos das religiosidades orientais, procurando examiná-las em suas origens e características atuais. Isso é pertinente visto que estamos carregados de ideias equivocadas e incompletas sobre essas tradições. Nesse sentido, veremos a definição daquilo que chamamos de *Oriente* para, com isso, realizar leituras simbólicas e identitárias das diversas culturas que perfazem esse extenso e plural espaço geográfico. Essa exposição teórica e instrumental é essencial para entender como as religiões orientais se organizam em blocos civilizacionais e espaciais, em função das mais diversas questões históricas e culturais da região.

Em seguida, no Capítulo 2, apresentaremos as religiosidades orientais de acordo com as grandes áreas estruturadas no capítulo anterior. Assim, analisaremos as questões do islamismo, do judaísmo e de outras religiosidades do Oriente Médio, elaborando um panorama muito distante das ideias banalizadas de radicalismo e de intolerância.

No Capítulo 3, examinaremos a situação religiosa da Ásia Central, espaço geográfico que guarda singularidades históricas, políticas e culturais. Com forte presença islâmica, mas tendo vivenciado décadas sob o domínio do governo soviético (que se denominava *ateístico*), os países da região buscam, ainda hoje, reconstruir suas identidades, diante de suas especificidades culturais e geográficas. Nesse capítulo, veremos também como o Afeganistão e o Paquistão estão conectados à geopolítica da Ásia Central.

No Capítulo 4, voltaremos nossa atenção para a Índia, com o propósito de analisar as religiosidades do país como um caso específico. Uma das maiores democracias do mundo, marcada pela renascença da religião tradicional hinduísta, a Índia é marcada por diversos conflitos com outras religiões dentro de seu território, resultantes em grande parte de uma problemática herança colonial inglesa. Com isso, mesmo contemporânea e caminhando a passos largos para se tornar uma superpotência, a Índia vivencia, também, as dificuldades de sustentar um ambiente plural de inclusão religiosa.

No Capítulo 5, investigaremos a pouco conhecida situação religiosa do Sudeste Asiático. Ouvimos falar dessa região principalmente por causa da Guerra do Vietnã, que ocorreu entre 1964 e 1975 e opôs esse país aos Estados Unidos. No entanto, pouco sabemos sobre a riqueza das tradições sagradas que envolvem as sociedades locais. Marcada por uma forte presença budista na Indochina e pelo predomínio do islã na Indonésia e na Malásia, a região ainda conta com religiões autóctones, surgidas de peculiares processos de sincretismo.

Destacaremos, no Capítulo 6, a situação da China. A nação mais populosa do mundo, cujo governo socialista defende uma orientação laica, é também o maior país budista em termos de adeptos e observa um grande crescimento de outras religiosidades dentro de sua sociedade. Além disso, a China revela um modelo complexo de relacionamento com as questões religiosas, que precisa ser examinado cautelosamente para dirimir impressões equivocadas sobre a situação do país nesse âmbito. Nesse contexto, abordaremos, ainda, a situação de Taiwan, bastante diferente da chinesa, na qual as experiências religiosas configuram um quadro distinto.

No Capítulo 7, vamos nos direcionar para o Japão e para as Coreias. Até hoje, o Japão consegue preservar muitas de suas tradições religiosas e culturais, como o xintoísmo e uma forte escola de pensamento budista. Contudo, o processo de ocidentalização empreendido no século XIX fez surgir no país um grande número de novas expressões religiosas – algumas delas, aliás, migraram para o Brasil e aqui obtiveram sucesso. Em sentido contrário, as Coreias se traduziram em dois países muito diferentes entre si após a Segunda Guerra Mundial e acabaram por se tornar palco de uma importante disputa política, que se projetou diretamente sobre as vivências religiosas das sociedades locais.

Por fim, no Capítulo 8, apresentaremos algumas iniciativas de diálogo religioso entre o Oriente e o Ocidente que resultaram em férteis e criativas expressões culturais. Ao longo dos séculos XIX e XX, muitos autores e grupos religiosos surgiram no Ocidente, inspirados pelas tradições sagradas vindas do mundo árabe, da Índia e da China. Portanto, examinaremos alguns desses casos, evidenciando como esse movimento chegou ao Brasil, propiciando farta literatura de natureza filosófica e religiosa.

Desejamos um estudo proveitoso!

COMO APROVEITAR AO MÁXIMO ESTE LIVRO

Empregamos nesta obra recursos que visam enriquecer seu aprendizado, facilitar a compreensão dos conteúdos e tornar a leitura mais dinâmica. Conheça a seguir cada uma dessas ferramentas e saiba como estão distribuídas no decorrer deste livro para bem aproveitá-las.

Introdução do capítulo
Logo na abertura do capítulo, informamos os temas de estudo e os objetivos de aprendizagem que serão nele abrangidos, fazendo considerações preliminares sobre as temáticas em foco.

Importante!
Algumas das informações centrais para a compreensão da obra aparecem nesta seção. Aproveite para refletir sobre os conteúdos apresentados.

INDICAÇÕES CULTURAIS
Documentários

ISLÃ. Direção: Candace Corrigan e Joan Geiser. EUA: Euro
1998. 47 min. (Religiões do Mundo). Disponível em: <ht
com/watch?v=akTMgrkXM7M>. Acesso em: 16 out. 2
JUDAÍSMO. Direção: Gene Smith. EUA: Europa Filmes do
(Religiões do Mundo). Disponível em: <https://w
watch?v=MmgADShuCCk>. Acesso em: 16 out. 2020

Recomendamos esses dois excelentes docum
tencem à mesma série, *Religiões do Mundo*, pois
introduções histórica e morfológica dessas relig
legiando as crenças, os dogmas, os ritos e os sist
namento de cada uma. A análise feita nos docum

Indicações culturais
Para ampliar seu repertório, indicamos conteúdos de diferentes naturezas que ensejam a reflexão sobre os assuntos estudados e contribuem para seu processo de aprendizagem.

SÍNTESE

Nesse capítulo, vimos que o hinduísmo é um d
sistemas religiosos do mundo, mas tanto a conc
a sistematização de suas formas e escolas ocorr
ríodo recente da história indiana.

Assim, a religião atual testemunha diversos
o nascimento de uma versão nacionalista e os
ques, budistas, islâmicos e cristãos. No entanto
da religiosidade hindu vêm surgindo no Ociden
um fértil diálogo intercultural. Esses desafios
as crenças indianas têm procurado se adaptar a
globalizado do mundo, sem deixar de lado suas e
suas questões regionais.

Síntese
Ao final de cada capítulo, relacionamos as principais informações nele abordadas a fim de que você avalie as conclusões a que chegou, confirmando-as ou redefinindo-as.

ATIVIDADES DE AUTOAVALIAÇÃO

1. O orientalismo, tal como analisado por Said
   definido mais corretamente como:
   a) uma construção estereotipada e pejorativa
      ções orientais, com o fim de submetê-las
      imaginária de culturas.
   b) uma visão positiva e enaltecedora das civil
      baseada no conhecimento de sua realidad
   c) uma perspectiva cultural defendida pelos
      sentada ao Ocidente antes do período impe
      XIX.
   d) uma forma como os orientais, em conju
      Ocidente.
   e) uma via de diálogo intercultural criada p

Atividades de autoavaliação
Apresentamos estas questões objetivas para que você verifique o grau de assimilação dos conceitos examinados, motivando-se a progredir em seus estudos.

ATIVIDADES DE APRENDIZAGEM

Questões para reflexão

1. Depois de assistir à animação *Ramayana*, s[...]
"Indicações culturais", reflita sobre as seguin[...]
   A) Como a utilização de recursos midiáticos [...]
   o referido desenho animado, pode contrib[...]
   tenção de mitos antigos?
   B) Em que medida os valores morais e as virt[...]
   dos na animação, expressam os ideais de s[...]
   e fé do hinduísmo atual?

2. Depois de assistir aos documentários indica[...]
dicações culturais" deste capítulo, reflita so[...]
aspectos, registrando posteriormente suas r[...]
   A) Como o hinduísmo moderno está conecta[...]

Atividades de aprendizagem
Aqui apresentamos questões que aproximam conhecimentos teóricos e práticos a fim de que você analise criticamente determinado assunto.

BIBLIOGRAFIA COMENTA[...]

ADLER, J. **Religiões da China**. Lisboa: Edições 70, [...]
do Mundo).
Joseph Adler faz uma apresentação extensa e[...]
religiosidades chinesas, desde suas origens até [...]
uma preocupação em distinguir os quadros rel[...]
continental e expor uma visão recente desses mo[...]
porém, mostra o confucionismo como uma exp[...]
consoante uma visão antiga e hoje controversa.[...]

Bibliografia comentada
Nesta seção, comentamos algumas obras de referência para o estudo dos temas examinados ao longo do livro.

PARA ENTENDER AS RELIGIÕES NO ORIENTE ATUAL

O termo *Oriente* representa muito mais do que uma delimitação geográfica; ele expressa construções conceituais polissêmicas e multifacetadas, que abrigam diversas civilizações diferentes em um complexo sistema interpretativo. A história do Oriente – ou dos muitos Orientes possíveis, como o Oriente Médio, o Extremo Oriente e a Ásia Central, entre outras denominações possíveis – foi construída a partir do século XIX, pela perspectiva de autores com visões conflitantes, que acabaram por criar deformações e interpretações equivocadas das culturas não ocidentais.

Neste primeiro capítulo, analisaremos a construção da ideia de *Oriente*, como podemos aprender a ler suas expressões sagradas e quais autores podem ajudar, no âmbito teórico, a ressignificar nosso entendimento sobre as religiosidades que serão apresentadas neste livro.

1.1 Conceito de *Oriente*

Os significados da palavra *oriente* são amplos e multifacetados. Na Antiguidade greco-romana, ela designava tudo aquilo que apontava para a região onde "nasce o Sol", ou seja, fazia referência à região leste, abrangendo o desconhecido, o exótico e o "diferente", em oposição ao mundo formado pelo Mar Mediterrâneo. Essa definição atravessou séculos e, ainda hoje, é comum designar o Oriente em contraste com o Ocidente, como se fosse possível unir, em apenas uma identidade, um vasto conjunto de povos muito diferentes entre si.

Essa visão foi fortemente difundida a partir do século XIX, quando as nações europeias invadiram a África e a Ásia em busca de novas colônias, espalhando pelo mundo o fenômeno do imperialismo (Hobsbawm, 1988). Assim, o Oriente se transformou em um conceito, uma identidade construída pelos colonizadores para submeter os povos conquistados. A mentalidade europeia desse período considerava os povos ocidentais como superiores em relação ao restante do mundo, estando eles no topo de uma hierarquia cultural imaginária, que lhes concedia o direito e a primazia sobre todas as outras civilizações. Para que esse projeto se realizasse, era necessário definir as diferenças entre o "ocidental" – essencialmente europeu, desenvolvido, racional e moderno – e o "outro", o "oriental" – aquele que representava a antítese de tudo o quanto pudesse ser compreendido como *ocidente*. Como vimos, essa ideia não era nova, pois vinha desde o mundo clássico; porém, se gregos e romanos alternavam fascínio e desconfiança em relação ao Oriente, os conquistadores do século XIX estavam convictos de sua pretendida superioridade intelectual e moral.

Foi nesse período, portanto, que surgiu o **orientalismo**, ou a concepção largamente difundida de "inferioridade" dos orientais, baseada na ideia de que suas tradições e práticas culturais seriam arcaicas e estagnadas, prendendo-os ao passado. Do mesmo modo, haveria uma essencialidade oriental que tornava essas civilizações mais parecidas entre si do que propriamente diferentes, ou seja, da Palestina até o Japão, existiriam elementos que permitiriam classificar a imensa plêiade de povos e culturas dessa região como *orientais*, cujas diferenças seriam apenas superficiais.

Essa concepção, que influenciou fortemente o imaginário ocidental (ou, pelo menos, dos países que assim se identificavam), foi denunciada pelo grande intelectual Edward Said (1935-2003) em seu livro *Orientalismo: a invenção do Oriente pelo Ocidente* (Said, 1998). Said mostra como as narrativas literárias e históricas do século XIX construíram um Oriente atrasado, estranho e perigoso, naturalmente avesso à presença europeia e a qualquer tipo de modernização.

Essa visão, amplamente difundida pelo imperialismo europeu, influenciou profundamente a compreensão sobre as sociedades orientais, inclusive entre os próprios colonizados. No século XIX, por exemplo, não era estranho encontrar intelectuais, como o indiano Dadabhai Naoroji (1825-1917), afirmando que a presença britânica fora positiva para seu país; na China, Liang Qichao (1873-1929) defendia claramente uma modernização baseada na adoção de modelos europeus; mas foi no Japão, que conseguiu manter-se ileso às agressões territoriais diretas, que o pensador Yukichi Fukuzawa (1834-1901) propôs, categoricamente, que o país tinha de "abandonar" a Ásia e tornar-se europeu (Fukuzawa, 1996). Essas abordagens revelam que os orientais estavam cientes da defasagem tecnológica e econômica que vivenciavam naquele período, e as fórmulas encontradas para solucionar esse problema passavam, em geral, pela adoção dos costumes e das práticas de "ocidentalização", o que gerou forte resistência por parte de muitos indivíduos dessas sociedades.

O fenômeno orientalista criou um forte sentimento de incompreensão em relação às culturas orientais. A dificuldade de estudá-las, aliada muitas vezes ao desinteresse, proporcionou um quadro geral de desconhecimento sobre a diversidade das civilizações que compõem o Oriente Médio, a Ásia Central e o Extremo Oriente. No entanto, Robert Irwin (1946-), um dos principais críticos de Edward Said, afirma que os orientalistas contribuíram de maneira importante para o conhecimento do Oriente (Irwin, 2008). Na visão do autor, antes do século XIX, praticamente toda a literatura sobre esses "vários orientes" tinha origem religiosa (como nas missões jesuíticas) ou se constituía de relatos de viajantes, com poucas exceções. Era natural, portanto, que os europeus cometessem equívocos em suas avaliações sobre os povos do Oriente, segundo uma linha de raciocínio marcada pelo preconceito e pelo etnocentrismo. Contudo, o surgimento de estudiosos acadêmicos das culturas orientais, bem como a organização de centros de pesquisa e instituições universitárias, modificou gradualmente o panorama existente, estabelecendo os alicerces dos cursos de língua e cultura que se tornariam responsáveis por um conhecimento e uma compreensão mais profunda sobre o Oriente.

Essa pequena introdução é necessária para a compreensão do tipo de estudo que faremos ao longo deste livro. O conceito de *Oriente* torna-se impreciso para analisar as diversas expressões religiosas presentes em uma vasta área geográfica. A relação entre espaços e culturas demanda, igualmente, certos cuidados metodológicos. Como exemplo claro disso, podemos mencionar casos como os de Austrália e Nova Zelândia, países que, embora localizados próximo ao continente asiático, não são entendidos como sociedades de cunho oriental, mas ocidental. O mesmo pode ser dito das religiosidades orientais: elas são numerosas e variam de país para país, requisitando um exame mais cauteloso de cada uma, como faremos na sequência.

1.2 Religiões orientais e blocos culturais

As chamadas *religiões orientais* constituem, em grande parte, o cerne da espiritualidade mundial. Mesmo as principais religiões monoteístas – judaísmo, cristianismo e islamismo – são orientais em sua origem, revelando o quanto é necessária uma investigação mais aprofundada sobre esses sistemas e suas culturas.

São inúmeras as expressões religiosas existentes no vasto espaço entre o Oriente Médio e o Oceano Pacífico, e nosso trabalho não poderia dar conta de todas elas. Faremos, porém, uma apresentação das principais crenças existentes, que norteiam a vida espiritual dos variados blocos culturais dessa região. Essa análise tem um duplo papel: localizar as experiências religiosas em curso nas regiões consideradas orientais, verificando sua distribuição e sua incidência, e esclarecer suas dinâmicas diante da contemporaneidade.

Por essa razão, definimos alguns blocos culturais e geográficos que servirão de guias para nossa análise:

- **Oriente Médio** – Compreende a região do Levante, a Península Arábica, países como Israel, Turquia e Irã, as dimensões do islã atual e sua relação com Israel e o cristianismo local.
- **Ásia Central** – Engloba países que compõem a esfera das ex-repúblicas soviéticas (Cazaquistão e Quirguistão, entre outros), além de Afeganistão e Paquistão e o ressurgimento do islã como uma força ideológica nessas áreas.
- **Índia** – Tem como destaque a importância do hinduísmo e do budismo, relevantes movimentos espirituais mundiais, com forte presença nos diálogos culturais entre Oriente e Ocidente.
- **Sudeste Asiático** – Abrange países como Tailândia, Mianmar, Vietnã, Laos, Camboja, Malásia, Indonésia e Filipinas, além da transformação do budismo em novas formas de expressão.
- **China, Taiwan e Tibete** – Envolvem as complicadas relações políticas e culturais com as religiosidades contemporâneas.
- **Coreias e Japão** – Apresentam novas expressões religiosas.

Como podemos notar, esses blocos não são uniformes – a Turquia, por exemplo, apresenta uma cultura distinta da de origem árabe ou da observada no Irã, assim como China e Tibete são diferentes. Todavia, uma série de questões culturais e religiosas aproxima (ou afasta) essas sociedades em seus espaços, permitindo uma análise da riqueza cultural das experiências religiosas dessas regiões.

1.3 O diálogo intercultural de Raimon Panikkar

Para examinarmos as religiões na atualidade, empregaremos aqui a **hermenêutica diatópica**, método criado pelo padre e pesquisador indo-espanhol Raimon Panikkar (1918-2010) para analisar os fenômenos de diálogo intercultural. A teoria fundamental de Panikkar supõe que o diálogo intercultural ocorre, em um primeiro nível, por meio de identificações, trocas e apropriações simbólicas, seja por interesses definidos, seja de maneira espontânea e criativa.

Assim, os símbolos atuam de forma autoexplicativa no imaginário das culturas, permeando posteriormente a tradução de conceitos e ideias que configuram sua função simbólica. Segundo Panikkar (1990), esse diálogo atua no nível mais profundo da constituição do ser humano, que é o imaginário ligado às crenças e à constituição do indivíduo no mundo, e só pode ser percebido em seu exercício.

> A hermenêutica diatópica não pode prescrever regras específicas de interpretação. Se queremos interpretar outra filosofia basicamente diferente, devemos ir à escola dessa filosofia e entrar no universo de seu discurso o máximo possível. Temos de superar nossos parâmetros e mergulhar em um processo participativo do qual podemos não encontrar uma saída. O processo pode ser comparado ao aprendizado de um novo idioma. No começo, traduzimos a comparação com a língua materna, mas, quando

atingimos um nível alto, pensamos e falamos diretamente nesse outro universo linguístico. Os topos estão conectados simplesmente indo para lá e atualizando a reunião. O processo pode ser comparado a um processo de conversão autêntico (à outra filosofia). A fertilização mútua ocorre. Deve-se notar que não criamos fórmulas como "natureza humana comum", "revelação primitiva", "necessidades elementares", "unidade da raça humana" ou "um Deus Criador", porque nosso problema é anterior a todas essas explicações e persiste mesmo sem as hipóteses mencionadas. Uma "natureza", "revelação", "tradição", "Deus" ou qualquer outro fator unificador não nos livra da carga inevitável de entender essas palavras e ter nossa noção pessoal sobre o seu significado. Mas nossa interpretação não precisa ser "deles", pois podemos entender a natureza humana de maneira muito diferente e não podemos postular *a priori* o que os outros entendem. Em uma palavra, como interpretaremos sua interpretação, se *a priori* não tivermos o código do código? Somente realizando na práxis a hermenêutica diatópica ele funciona. (Panikkar, 1990, p. 91, tradução nossa)

Os movimentos de apropriação de elementos artísticos ou filosóficos entre uma civilização e outra podem ser realizados por meio de posturas diferenciadas. Um determinado grupo étnico, por exemplo, pode resistir durante anos a um processo de "imposição" cultural; outros grupos, porém, podem absorver um determinado hábito ou costume externo por simpatia, por interesse ou mesmo por atrito interétnico (Laraia, 2002; Poutignat; Streiff-Fenart, 1999). O processo intercultural, no entanto, parte da perspectiva de que há uma circulação (ou troca) de elementos entre duas culturas que se reconhecem como tal, e esse intercâmbio é determinado por interesses sociais e políticos ou mesmo por empatia. Para que ele possa existir, é necessário que um dos grupos identifique no outro similitudes com seus hábitos ou, então, procedimentos que lhe pareçam válidos de serem absorvidos. Portanto, a ideia de interculturalidade parece ser bastante apropriada para a compreensão do processo de construção das religiosidades orientais no mundo contemporâneo.

1.4 As questões da identidade e da diferença

Devemos discutir, com mais clareza, a questão da identificação, que aqui é fundamental. Ela parte da necessidade de definir a identidade que os movimentos religiosos objetivam construir em relação às outras crenças das quais buscam diferenciar-se e, ao mesmo tempo, das sociedades das quais visam aproximar-se. Em um ensaio bastante esclarecedor, Kathryn Woodward (2000) apresenta alguns dos muitos aspectos pelos quais devemos tratar o tema da identidade, de maneira a compreendê-la melhor em um determinado contexto espacial e temporal. Esses pontos incluem: a noção que o grupo tem de si mesmo para que possa se definir como tal (língua, hábito, costumes, ideologia); as semelhanças que a cultura que o grupo reivindica como própria tem com outra cultura; a existência de uma série de contraposições das mais diversas ordens a outro(s) grupo(s) verossimilhante(s) que o grupo estabelece no fenômeno de definição de sua identidade; as demarcações simbólicas, materiais, étnicas e classificatórias que o grupo estipula para diferenciar sua identidade em relação à dos outros (Woodward, 2000). Isso significa, para nosso trabalho, portanto, reconhecer as demarcações que as religiosidades estabeleceram para construir uma identidade que assegurasse sua diferenciação, mas que permitiriam ao mesmo tempo a construção de um conjunto de símbolos que pudessem ser entendidos pelas mais diversas sociedades, mediante o processo de hibridismo ou mestiçagem cultural (Gruzinski, 2001). Exatamente por isso podemos afirmar que a produção da identidade, como bem aponta Tomaz da Silva (2000), passa não somente pela questão da afirmação da semelhança (entre os componentes do grupo), mas também pelo estabelecimento da diferença – ou seja, aquilo que se busca objetivamente negar, seja uma cultura, seja uma partição social, seja uma religião, entre outros aspectos.

Por fim, é necessário lembrar a importante análise de Stuart Hall sobre esse problema. Para Hall (2004), a sociedade pós-moderna vive, justamente, uma crise de identidades, derivada dos conflitos existentes nos mais diversos níveis – culturais, sexuais, de gênero, entre outros – que produzem um importante quadro de ressignificações. Na construção das novas identidades pós-coloniais, essas diversas questões se entrecruzam, gerando interpretações diferentes sobre as tradições e as ideias culturais.

Assim, podemos definir que a identidade se constitui em um conjunto composto de mitos, memórias, valores e símbolos que norteiam as práticas sociais e resultam em processos de identificação. Sua construção apresenta uma dinâmica relacional, pois é construída por meio da diferença e da criação de um tempo específico, histórico e passível de mudança. Com base na demarcação das diferenças representadas pelos "outros", a identidade é uma produção, uma relação, um ato performativo. Ela é construída dentro – e não fora – das formações discursivas e das narrativas de uma sociedade, as quais somente podem ser analisadas se forem entendidas como práticas culturais inseridas em contextos históricos específicos.

1.5 O ocidentalismo

No diálogo intercultural, no qual se entrecruzam os problemas relacionados à construção das imagens e das identidades, é preciso compreender, igualmente, as projeções que as civilizações orientais fizeram, a partir do período pós-colonial no século XX, sobre o mundo ocidental. O fenômeno, investigado por Ian Buruma e Avishai Margalit (2006), indica que, no processo de construção, um discurso de decadência espiritual e de excessivo materialismo foi associado às nações europeias e americanas, tornando-se uma grade de análise usualmente empregada para reforçar as identidades nacionais e religiosas asiáticas. É importante entender, nesse sentido, quais apropriações simbólicas são feitas pelos grupos religiosos e quais são os sentidos que encerram.

Na medida em que um grupo buscou criar a própria identidade, podemos afirmar que ele passou pelas seguintes etapas:

- detectou a necessidade de conceber ou de absorver novos procedimentos para alcançar sua identidade;
- procurou elementos simbólicos alternativos no âmbito da própria cultura e em outras;
- gerou uma estética própria, flexível, reconhecida por mentalidades diferentes;
- transitou entre culturas, apresentando-se de forma aproximada em relação às sociedades com as quais mantinha – ou ainda mantém – contato.

Diante do mundo globalizado, isso pode explicar o surgimento de nacionalismos e fundamentalismos, como reações à ideia de perda de identidade ou como necessidade de construção de uma nova identidade diante dos desafios da contemporaneidade.

Indicação cultural

O ORIENTE e o Ocidente. Direção: Jeong-ook Lee. Coreia do Sul, 2009. 120 min. (2 episódios). Documentário. Disponível em: <https://canalcurta.tv.br/series/serie.aspx?serieId=86>. Acesso em: 9 set. 2020.

Nesse documentário, dividido em dois episódios, as percepções de orientais e ocidentais e suas diferenças culturais são colocadas em contraste, revelando importantes distinções epistemológicas. As maneiras de ver, olhar e definir conceitos geram interpretações diferentes sobre como compreender o mundo, tema que é sensivelmente abordado no documentário.

Síntese

Neste capítulo, mostramos a necessidade de se rever o conceito de *Oriente*. Além disso, tendo em vista em uma série de imprecisões históricas, nossa visão das civilizações orientais precisa contemplar o reconhecimento de suas diferenças e singularidades.

Para esclarecermos essas ideias, analisamos os blocos culturais fundamentais do Oriente e o instrumento teórico de diálogo intercultural proposto por Raimon Panikkar.

Nesse sentido, examinamos as definições de *identidade* e de *diferença*, que adotaremos nos próximos capítulos para distinguir com maior clareza os sistemas religiosos orientais. Por fim, comentamos sobre o fenômeno de algumas projeções orientais sobre o Ocidente, conhecido como *ocidentalismo*, que torna o diálogo entre as regiões ainda mais complexo. Com essas importantes ferramentas, daremos seguimento ao nosso estudo nos próximos capítulos.

Atividades de autoavaliação

1. O orientalismo, tal como analisado por Said (1998), pode ser definido mais corretamente como:
   A] uma construção estereotipada e pejorativa sobre as civilizações orientais, com o fim de submetê-las a uma hierarquia imaginária de culturas.
   B] uma visão positiva e enaltecedora das civilizações orientais, baseada no conhecimento de sua realidade.
   C] uma perspectiva cultural defendida pelos orientais e apresentada ao Ocidente antes do período imperialista do século XIX.
   D] uma forma como os orientais, em conjunto, enxergam o Ocidente.
   E] uma via de diálogo intercultural criada para compreender as civilizações orientais em bloco.

2. De acordo com Buruma e Margalit (2006), o ocidentalismo é caracterizado por:
   A] uma visão estereotipada sobre o Ocidente, entendido como um conjunto de civilizações materialistas e espiritualmente decadentes.
   B] uma visão estereotipada sobre o Ocidente, considerado como modelo civilizacional a ser copiado e admirado, graças ao seu desenvolvimento material e espiritual.
   C] uma visão que propõe que o processo de apropriação de conhecimento entre Ocidente e Oriente ocorre no nível simbólico, e não no intelectual.
   D] uma teoria que defende a singularidade do Oriente em relação ao Ocidente, construída pelas academias europeias.
   E] uma teoria que propõe uma inevitável harmonia entre Oriente e Ocidente por meio da absorção das culturas europeia e norte-americana.

3. Para Panikkar (1990), o diálogo intercultural se estrutura:
   A) primeiramente nos níveis intelectual e filosófico, que reinterpretam os símbolos de outras culturas.
   B) primeiramente no nível simbólico, que serve de orientação para as interpretações posteriores nos níveis intelectual e filosófico.
   C) em uma visão dialética de interpretação do outro, baseada em preceitos ocidentais, que fomentam uma estrutura de conhecimento eurocentrado.
   D) em uma exclusão sistemática das diferenças culturais por meio da padronização das ideias e dos hábitos.
   E) em uma contemplação estética, sem fins de interação, com as culturas asiáticas.

4. Sobre as conformações geográfica e cultural do Oriente, é correto afirmar:
   A) As culturas da região apresentam grande homogeneidade, guardando semelhanças que as unem em um bloco único, sem distinções.
   B) As culturas da região, apesar de diferentes na forma, são essencialmente asiáticas, unidas por suas religiões.
   C) As culturas da região podem ser representadas em grandes blocos, mas apresentam grande variedade entre si, estando abrigadas em uma denominação geográfica multifacetada.
   D) As culturas da região podem ser representadas em grandes blocos, pois não apresentam grande variedade entre si, estando abrigadas em uma denominação geográfica que as unifica.
   E) O predomínio do islamismo é a marca registrada do Oriente, unificando povos e nações.

5. Sobre o processo de identidade cultural, é correto afirmar:
   A) Ela se constrói com base em uma exclusão natural das diferenças culturais e sociais.
   B) Ela se constrói com base em um processo complexo de escolhas e definições por parte dos próprios integrantes de uma sociedade, envolvendo seus mitos, crenças e ideias, entre outros aspectos.
   C) Ela se constrói com base em um processo simplificado e imediato de identificação de mitos, crenças e ideias por parte dos próprios integrantes da sociedade.
   D) Ela se constrói de forma espontânea, sem controle nem influências decisivas.
   E) Ela se constrói com base em influências externas transversais, que se excluem mutuamente, criando identidades somente por oposição.

Atividades de aprendizagem

Questões para reflexão

1. Duas novelas chamaram bastante a atenção do público brasileiro em tempos recentes: *O clone*, de 2002, que abrigava um núcleo árabe, e *Caminho das Índias*, de 2009, cuja trama girava em torno de uma família indiana radicada no Brasil. Ambas tentaram apresentar um quadro das culturas abordadas com base em pesquisas realizadas por seus redatores, mas foram muito criticadas por reproduzirem caricaturas, estereótipos e ideias equivocadas tanto sobre os islâmicos quanto sobre os indianos. Identifique um estereótipo presente em algum episódio de uma dessas duas novelas (ou de ambas).

2. Ao longo de nosso dia a dia, convivemos com os muitos "orientes" em nossas refeições. Comemos arroz vindo da Ásia, mangas oriundas da Índia e laranjas originadas da China; adoramos um quibe, procedente dos países árabes. Assim, vivemos em uma grande "cozinha étnica". Nesse sentido, identifique outros alimentos que vieram do Oriente e que adotamos em nosso cardápio cotidiano e reflita sobre a troca cultural que esse hábito representa.

Atividade aplicada: prática

1. O documentário *O Oriente e o Ocidente*, recomendado na seção "Indicação cultural", põe em contraste as percepções de orientais e ocidentais e suas diferenças culturais, revelando importantes distinções epistemológicas. Assista ao documentário e explique três características que diferenciam os orientais dos ocidentais.

RELIGIOSIDADES NO ORIENTE MÉDIO

A região que hoje conhecemos como *Oriente Médio* é o epicentro das religiosidades monoteístas no mundo e palco de conflitos constantes por questões tanto ideológicas quanto econômicas (Demant, 2013; Lewis, 2004). Culturalmente, esse espaço se estende do Irã a Israel, no sentido leste-oeste, e da Turquia até a Arábia Saudita, no sentido norte-sul, mas seus contornos territoriais são relativamente móveis. A área do norte da África, amplamente islamizada, usualmente está envolvida nos problemas que afetam a dinâmica de funcionamento daquela região.

2.1 O Oriente Médio atual

A história do Oriente Médio é longa e complexa, por isso aqui nos deteremos apenas nos aspectos mais recentes das expressões sagradas que dominam esse cenário. É importante assinalar, contudo, que as questões políticas que envolveram a região afetaram, diretamente, o funcionamento da vida religiosa. Torna-se necessário voltar ao período do final do século XIX e início do século XX – que vamos retomar várias vezes ao longo deste livro –, quando as nações europeias empreenderam uma nova onda de expansão colonial em direção à África e à Ásia (Chesneaux, 1976). Até essa época, civilizações brilhantes como o Império Otomano (de 1299 a 1922) e o Império Cajar (de 1794 a 1925) exerciam o controle sobre o Oriente, estabelecendo certo equilíbrio nas fronteiras e na convivência religiosa (Hourani, 1994). A chegada europeia desconstruiu quase por inteiro esse panorama. Com exceção da Turquia, que conseguiu preservar sua autonomia, o Oriente Médio foi palco de uma divisão arbitrária da França e da Inglaterra, que desenharam novos contornos geográficos na região sem levar em conta, muitas vezes, suas especificidades.

Isso levou as sociedades locais a uma profunda reflexão sobre o papel das culturas ocidentais em suas vidas. Lewis (2002) destaca que, apesar de ser reconhecido o abismo tecnológico que se estabelecera entre Ocidente e Oriente, havia uma recusa em aceitar as novas ideias que permeavam as forças política e científica dos europeus. Em muitos casos, isso parecia representar a perda da fé e da identidade que tinham sustentado essas civilizações por séculos. Havia, igualmente, um sentimento de saudosismo em relação às glórias do passado e uma incompreensão generalizada sobre o que havia provocado a perda desse *status* de poder e prestígio. Da mesma maneira, muitos pensadores árabes começaram a se identificar com o discurso de manutenção da pureza espiritual e a crer que existiria uma decadência dos costumes e da moral entre os ocidentais em função de seu materialismo – o ocidentalismo, como Buruma e Margalit (2006) definiram com precisão.

O fim da Segunda Guerra Mundial e a subsequente independência política das novas nações orientais (acordadas pelas potências europeias) estabeleceram uma desastrosa divisão geográfica na região, que ainda alimenta muitos dos conflitos lá existentes. Por trás desse cenário, permanecem vivas as tensões religiosas, que a política contemporânea incorporou em seus discursos e em suas ações.

2.2 O islã no Oriente Médio

Ao contrário do que vulgarmente se supõe, a **Umma** – a comunidade islâmica – é dividida em inúmeros grupos e orientações religiosas, que interpretam de maneira diversa alguns dos dogmas fundamentais do islã. Essas divisões estão ligadas aos primórdios dessa crença e desenvolveram-se ao longo do período medieval. Os fundamentos do islamismo – Alá é o único Deus, e Muhammad (Maomé), seu profeta, a crença na imortalidade da alma, no sentido escatológico da vida, e os cinco pilares da fé – estão presentes em todas essas correntes, que também aceitam a autoridade do Alcorão como seu texto sagrado principal. Todavia, algumas diferenças se tornaram importantes ao longo dos séculos.

IMPORTANTE!

Os cinco pilares da fé islâmica são: (1) Chahada (fé), (2) Salat (oração diária), (3) Zakat (caridade), (4) jejum no Ramadã e (5) Hajj (peregrinação a Meca). Os cinco pilares teriam sido definidos e transmitidos por Maomé a seu sucessor, Omar Ibn Al-Khattab, no Hadice (ou Hadith) – coletânea de histórias, mitos e tradições relacionadas ao profeta, posterior à elaboração do Alcorão.

A principal das diferenças ocorre entre sunitas e xiitas. Após o falecimento de Maomé, em 632, aqueles que entendiam que seu sucessor deveria ser alguém que se destacasse no cumprimento da lei (Suna) passaram a ser conhecidos como *sunitas*. Os que defendiam a sucessão no âmbito familiar e argumentavam que Ali, parente do profeta, deveria assumir a condução da Umma, passaram a ser denominados *seguidores de Ali* (Xia at Ali), expressão da qual veio o nome *xiita*. Como podemos observar, essa questão, de início, pouco parecia ter de religiosa. No entanto, com o passar dos séculos, ela implicou lentas e graduais transformações na maneira de interpretar os textos sagrados e as ideias islâmicas (Farah, 2001). O sunismo abarcou a maior parte do mundo muçulmano, ao passo que o xiismo se consolidou na região da Pérsia (atual Irã e áreas do Iraque) e em partes da Índia e do Azerbaijão, construindo um núcleo importante de poder político. No século XVIII, o movimento Salafita (ou Wahabita), cujo principal expoente foi o pensador árabe Muḥammad ibn'Abd al-Wahhab (1703-1792), iniciou um processo de renovação espiritual islâmica por meio do resgate das antigas tradições corânicas, sendo considerado um movimento conservador, fundamentalista e ortodoxo. Wahhab sustentou o príncipe Saud e sua família no projeto de construir um Estado árabe unido e erradicar as influências estrangeiras e heréticas do islamismo. O wahhabismo se tornou, assim, a doutrina de Estado do Reino da Arábia Saudita e encontrou grande difusão desde então (Hourani, 2005).

O **salafismo**, vertente mais ampla que inclui outros pensadores além de Wahhab, é importante para entender o que a mídia ocidental muitas vezes classifica (equivocadamente) como *radicalismo religioso* entre os islâmicos. Durante a chamada *Primavera Árabe*, ocorrida a partir de 2010, muitos especialistas julgaram que os movimentos sociais clamavam por maior liberdade democrática (Farah, 2011). O que ocorreu, de fato, foi uma série de protestos contra governos que eram entendidos como continuadores das políticas opressivas da época colonial, representantes de um pensamento decadente e europeizado e de regimes autoritários que se propunham tecnocráticos, mas continuavam a ser corruptos, reacionários e opressores.

Assim, foi surpreendente o fato de que, em muitos países, as lideranças religiosas tenham assumido um papel fundamental nos protestos, tornando-se figuras importantes no plano político (Sorj, 2015; Visentini, 2014). Essas personagens, muitas delas inspiradas no salafismo, pretendiam um retorno ao islã purificado, expurgado das inovações culturais que teriam provocado a decadência dos países árabes. Devemos compreender que a renovação espiritual era um elemento central nesse discurso, motivo pelo qual não pode ser entendida simplesmente como uma medida retrógrada. Muitos países ocidentais têm presenciado um movimento semelhante em relação ao cristianismo, o que tem sido classificado como *neoconservadorismo* (Apple, 2015). Por essa razão, é necessário ponderar sobre o quanto o movimento Salafita representa, também, uma forma de resistência contra a dominação ocidental e uma busca de maior autonomia diante do mundo globalizado. Contudo, grupos radicais defensores de uma versão simplificada das práticas islâmicas surgiram no rastro dessas ideias, investindo em conflitos dentro e fora do Oriente Médio (Coggiola, 2007).

Um exemplo disso é a guerra civil que se arrasta na Síria desde 2011. O país é governado pelos alauítas, minoria etnorreligiosa de orientação xiita que, na década de 1970, assumiu o poder com a ascensão à presidência de Hafez al-Assad (1930-2000). Seu filho, Bashar al-Assad, o substituiu em 2000. No final de 2010, com o início da Primavera Árabe, grupos armados iniciaram uma violenta guerra civil. Novamente, as orientações religiosas e políticas se sobrepuseram: Assad recebeu suporte do Irã, maior nação xiita no mundo, ao passo que os grupos sunitas que lutavam contra o governo receberam o apoio de outros países árabes. Mais recentemente, a questão relacionada ao Estado Islâmico e a tentativa de instalar um califado na Síria e no Iraque seguiram essa tendência (Fottorino, 2016).

Esses conflitos revelam que está em curso uma importante disputa, dentro do mundo islâmico, entre a Arábia Saudita e o Irã – a primeira é a nação que abriga as capitais sagradas do islã, Meca e Medina, e constitui-se no centro do sunismo mundial; o segundo é a nação poderosa e milenar que tornou o xiismo uma expressão religiosa em particular. A esfera pan-islâmica tem presenciado as ações de ambos os países para estenderem suas influências na Ásia Central e no Sudeste Asiático, garantindo não apenas capital político, mas também poder econômico e ascendência cultural e religiosa (Achcar, 2018; Gresh, 2014).

Curiosamente, o termo *xiita* se tornou sinônimo de "radical", uma gíria muito difundida nos meios midiáticos a partir da década de 1990. Todavia, minorias e mulheres têm uma participação muito maior e intensa no quadro social iraniano do que em outros países sunitas. Isso se deve, provavelmente, às impressões causadas pela Revolução Iraniana.

A Revolução Iraniana foi um movimento político ocorrido em 1979 que derrubou o conturbado governo do Xá Reza Pahlavi (1919-1980), cujo projeto de modernização "ocidentalizado" foi muito criticado pela sociedade (Coggiola, 2008). O movimento foi encabeçado por diversos grupos, tanto políticos quanto religiosos, que identificavam o Aiatolá Khomeini (1902-1989) como seu líder espiritual. Na época, a Revolução Iraniana foi saudada como uma inovação em termos políticos e culturais, uma terceira via para a dicotomia capitalismo/socialismo estabelecida pela Guerra Fria. Michel Foucault (1926-1984) viajou até o país, tendo inicialmente se encantado com a originalidade do movimento (Afary; Anderson, 2011). A independência política e cultural do Irã custou caro, culminando em conflitos contínuos com o Iraque e com os Estados Unidos. O regime também ficou caracterizado por uma série de medidas restritivas em relação aos costumes e à diversidade política, mas o país acabou se consolidando como uma das maiores potências mundiais. Além disso, a continuidade do xiismo está intimamente ligada à devoção iraniana a essa concepção de islã.

2.3 O sufismo

O sufismo é considerado o ramo místico do islã, voltado para a busca de uma conexão direta com o divino por meio de leituras, rituais e práticas meditativas (Azevedo, 2000). Teria se desenvolvido a partir do século VIII, após o contato dos islâmicos com místicos cristãos, budistas e hinduístas. Os sufis usualmente concordam com todos os preceitos islâmicos tradicionais, mas a procura de um sentido espiritualizado da vida tornou-os naturalmente mais abertos ao diálogo com outras culturas e religiosidades. Muitas ordens sufis estiveram envolvidas na propagação da fé islâmica na Ásia, tornando-se organizações fortes em lugares como Turquia, Índia, Ásia Central e Indonésia. Um dos grupos mais expressivos é a ordem dervixe Mevlevi, surgida na Turquia medieval (século XIII), que contempla práticas nas quais se realizam danças extáticas circulares com vista ao alcance de um estado de êxtase meditativo. A orientação sufi produziu grandes pensadores, poetas e líderes religiosos, cujas contribuições fortaleceram a construção da comunidade islâmica (Azevedo, 2001).

Na contemporaneidade, o sufismo continua vivo entre os islâmicos e recebeu uma atenção especial por parte dos intelectuais e dos religiosos ocidentais interessados no diálogo inter-religioso. As características pacifistas e espiritualizadas dos sufis contribuíram muito para a criação de uma imagem positiva do islã, descolada dos preconceitos orientalistas que marcam as visões ocidentais tradicionais sobre o mundo muçulmano. Como veremos no Capítulo 8, pensadores ocidentais do século XX imaginaram uma renovação no entendimento das tradições religiosas com base no estudo do sufi junto com outras doutrinas orientais. Uma das melhores fontes para entender o sufismo na atualidade é a obra do escritor Idries Shah (1924-1996), que recolheu e apresentou contos, lendas e tradições desse movimento. Deve-se notar, entretanto, que o sufismo não se desligou do sunismo ou do xiismo, constituindo-se em uma doutrina de busca individualizada por aprimoramento pessoal por meio de práticas internalistas – meditação e exercícios espirituais, entre outras.

2.4 O Líbano e seus grupos religiosos

Ao tratarmos de Oriente Médio, uma atenção especial deve ser dada ao Líbano, país que vivenciou uma experiência cultural rica em diversidade religiosa (Meihy, 2016). O Líbano abrigou diversos grupos religiosos, sejam cristãos, sejam islâmicos (tanto sunitas quanto xiitas), e recebeu diversas etnias ao longo da história. Em 1946, os libaneses alcançaram sua independência do governo francês, elaborando uma constituição que dividia e alternava os poderes entre as comunidades religiosas cristãs e islâmicas. O sistema funcionou aparentemente bem até 1975, quando uma série de crises políticas e sociais ocorridas no Oriente Médio abateu o país. Uma guerra civil violenta explodiu entre as mais diversas facções religiosas, e o Líbano se tornou um microcosmo das disputas que envolviam o mundo islâmico, as potências europeias e o contexto da Guerra Fria (Fisk, 2007). Até 1990, quando um novo processo de paz foi estabelecido, ficou clara a complexidade que envolvia uma solução para o conflito, em função dos inúmeros grupos e expressões religiosas que dele participaram. Os partidos religiosos libaneses se orientavam com base nas mais variadas fontes, tanto religiosas (em sua maioria, islâmicas) quanto ideológicas (linhas marxistas ou de direita). Dois grupos religiosos merecem, porém, destaque nesse contexto, em razão de sua resistência histórica e de de suas peculiaridades.

O primeiro deles é a comunidade **Drusa** (Obeld, 2006), uma variação da religião islâmica surgida em torno do século XI. Ligados a uma série de sábios que afirmavam ter identidade divina, como o Califa Fatímida Alaqueme (985-1021), os drusos desenvolveram uma forma particular de culto, que envolveria somente membros da comunidade e iniciados. Considerados heréticos por outros grupos islâmicos, os drusos construíram para si uma identidade etnorreligiosa, que preservaram ao longo dos séculos com muita dificuldade. A religião drusa é monoteísta e tem uma literatura própria, que incorpora elementos do cristianismo, do islamismo, do sufismo, do hinduísmo e da filosofia grega platônica – reunida em um *corpus* literário chamado *Epístolas da sabedoria* (*Rasa'il al-Hikmah*). Os drusos defendem a existência da reencarnação e as práticas iniciáticas e extáticas de adoração, além do caráter de discrição – e, em alguns casos, de ocultamento – que caracteriza a preservação dos saberes e da identidade drusa. As principais comunidades drusas estão no Líbano e na Síria, expostas continuamente ao contexto conturbado que atinge a região.

O segundo grupo que merece destaque é o da **Igreja Católica Maronita**, provavelmente o único grupo cristão que conseguiu sobreviver e preservar suas tradições em meio ao Oriente islamizado. No século V, São Maron fundou uma comunidade cristã ligada à ortodoxia oriental de Antioquia (Naaman, 2011). Com a expansão islâmica no Oriente Médio no século VII, a Igreja Maronita passou a enfrentar dificuldades crescentes para sobreviver, precisando negociar continuamente sua posição. No século XI, seus membros obtiveram o reconhecimento da Igreja Católica e tornaram-se um bispado. Suas diferenças fundamentais em relação ao catolicismo dizem respeito à liturgia, que emprega o siríaco e o árabe, e ao uso de uma versão siríaca da Bíblia, a *Peshitta* (Azize, 2017). Hoje, os maronitas representam quase metade da população libanesa, preservando suas origens regionais e culturais.

A pacificação do Líbano revela que existe a possibilidade de se construir uma sociedade multirreligiosa na qual os princípios éticos possam nortear um sistema mais equânime, tolerante e equilibrado.

Além disso, a intervenção de potências estrangeiras no conflito evidencia que, em muitos casos, as ingerências políticas, mais do que as diferenças religiosas, são o verdadeiro estopim de embates prolongados e doloridos.

2.5 Expressões religiosas modernas e sincréticas

Algumas formas religiosas modernas do Oriente Médio surgiram de adaptações e sincretismos com a fé islâmica. O exame de duas delas pode nos mostrar as capacidades de adaptação e de transformação das tradições, de acordo com o contexto cultural e político de uma época.

No século XIX, o filósofo persa Mirza Husayn-Ali (1817-1892), também conhecido como Baha'u'llah, fundou a **Fé Baha'i**, que objetivava unificar as tradições religiosas em um discurso humanista e ecumênico. No início, a Fé Baha'i parecia ser uma forma de xiismo ou de sufismo, mas gradualmente se distinguiu, produzindo as próprias escrituras e conceitos. Seu discurso central é monoteísta, tendo Deus como a divindade única e inacessível pelos sentidos imediatos. A história da humanidade é permeada pela vinda de vários profetas, como Moisés, Jesus, Maomé, Krishna e Buda, que anunciaram a presença divina e tentaram ensinar o caminho para o contato com a divindade por meio da introspecção (Baha'i Publishing, 2011). A evolução espiritual é um processo contínuo; os bahais negam que o céu e o inferno são espaços reais, considerando-os como estados de evolução da alma. Essa tentativa de síntese tem uma relação íntima com a mundivivência religiosa do século XIX, em que os trânsitos culturais e religiosos permitiram o surgimento dessas novas formas de hibridismo religioso. No entanto, em 1852, proibiu-se a permanência dos bahais no Irã e eles tiveram de migrar para outros países. Um de seus principais centros fica em Haifa, em Israel.

> **IMPORTANTE!**
> A Fé Baha'i produziu uma vasta literatura, que inclui seus principais autores, como Bab (1819-1850), Abdu'l-Bahá (1844-1921) e Shoghi Effendi (1897-1957). Porém, sua escritura central continua a ser o *Livro mais sagrado* (*Kitáb-i-Aqdas*), que apresenta a gênese das ideias da doutrina.

Em outro sentido, vale comentar um caso fora do contexto geográfica oriental, mas culturalmente vinculado a ele. A **Nação do Islã** é um movimento surgido em 1930 nos Estados Unidos, que pregou a conversão em massa das populações afro-americanas ao islamismo. Decepcionados com o fato de a sociedade americana continuar a ser racista e preconceituosa, apesar do discurso igualitário e inclusivo do cristianismo, muitos cidadãos negros vislumbraram no islã uma alternativa religiosa monoteísta inclusiva, formando uma comunidade dedicada a defender seus direitos e atuar de forma afirmativa em relação à sociedade (Gibson; Berg, 2017). Esse grupo teve representantes notáveis, como Malcolm X (1925-1965) e Muhammad Ali (1942-2016), e alcançou uma expansão significativa na população afro-americana. A Nação do Islã é uma organização sunita, com aspectos fundamentalistas, ligada intimamente aos processos de afirmação negra nos Estados Unidos, configurando um caráter etnorreligioso.

2.6 O judaísmo moderno pós-diáspora

Este capítulo não poderia terminar sem assinalarmos a importância da **religião judaica** no Oriente Médio. A própria nação de Israel nasceu do desejo expresso de uma comunidade religiosa, dispersa pelo mundo ocidental, reencontrar sua terra natal. Theodor Herzl (1860-1904), um dos grandes mentores da nova pátria judaica, esperava construir um país moderno, harmônico e isento dos preconceitos que a comunidade judaica vivenciara na Europa – como apresentado em sua principal obra, *O Estado judeu*, lançada em 1896 e publicada no Brasil em 1988. Exposta a violência antissemita que grassava no continente no início do século XX, o movimento de retorno a Israel – o sionismo – começou a patrocinar as mais diversas ações para a realização desse projeto. Muitas famílias judaicas começaram a adquirir terras na Palestina, nome dado ao território sob o mandato britânico. O fluxo de migrantes para Israel, no entanto, foi irregular, constituído em sua maioria de judeus ortodoxos ou idealistas socialistas, muitos vindo do Leste Europeu. Em 1917, Lorde Balfour (ministro dos Assuntos Estrangeiros do Reino Unido) assinou uma declaração apoiando a criação de um Estado judaico, mas sem qualquer plano para efetivar essa iniciativa. Na década de 1930, o antissemitismo se acentuou com a ascensão dos regimes fascistas, que promoveram ações coordenadas de violência e de perseguição contra as comunidades judaicas, procurando exterminá-las. Essa situação reforçou o plano de deslocamento para Israel, que aumentou exponencialmente com a tragédia do Holocausto, vivenciada ao longo da Segunda Guerra Mundial.

Mais uma vez, as tensões na região foram administradas de forma desastrosa pelo governo inglês. Em 14 de maio de 1948, Israel alcançou, finalmente, uma precária independência e, no dia seguinte, já estava sendo invadido pelas nações vizinhas, iniciando-se um ciclo de guerras que atravessou o século XX. Com dificuldade, Israel conseguiu assegurar sua soberania, estabelecendo-se como a maior nação democrática do Oriente Médio.

Essa situação criou um quadro social e religioso complexo no interior da nação israelense. No início, muitos judeus que migraram para o país acreditavam em uma possível fusão entre ideias judaicas e socialistas, como foi o caso dos *kibutzim*, modelos de comunidades produtivas que embrionaram a ocupação do território. Havia um idealismo vivo entre os primeiros imigrantes, contrabalançada pelo desespero daqueles que se refugiaram no país escapando de perseguições.

Contudo, as opções da sociedade israelense em direção a uma convivência pacífica com os vizinhos acabaram rapidamente. Não houve uma preocupação mais profunda, entre os britânicos, de criar meios para administrar os conflitos religiosos que despontavam – nesse ponto, os franceses foram mais cuidadosos em relação ao Líbano. A situação logo descambou em violência e em uma disputa feroz pela terra (Rouleau, 2009). Isso reforçou a questão da identidade religiosa como um fator importante na construção de uma unidade judaica.

O perfil do judaísmo em Israel, atualmente, é resultado direto dessas tensões. Grande parte da população se situa na chamada *neo-ortodoxia* ou *tradição*, um meio-termo entre os judeus ortodoxos e os judeus seculares (DellaPergola, 2011).

Os **judeus ortodoxos**, que têm aumentado sua força no governo de Israel, defendem a primazia de um Estado judaico, manifestado na criação de colônias que visam ampliar e dominar o território da nação – conflitando diretamente com as populações palestinas, que buscam a autoafirmação por meio de um Estado próprio. Seu discurso pretende a preservação e a interiorização das tradições judaicas, observando mais estritamente as leis da Torá – o que alguns analistas entendem ser um "fundamentalismo judaico".

Já os judeus que se identificam como **tradicionais** (ou **neo-ortodoxos**), mantêm as festividades, os ritos e as crenças fundamentais do judaísmo, mas vivenciam uma postura mais ampla em relação ao diálogo inter-religioso e admitem adaptar-se às necessidades culturais do mundo contemporâneo. Sua relação com as interdições religiosas é menos severa, e sua atuação no campo político é ponderada pela consciência individual.

Por fim, os **judeus seculares** são aqueles que defendem um Estado laico, separado das questões religiosas. Eles entendem até mesmo que o judaísmo é uma construção étnica, e não necessariamente religiosa, o que permite a alguns cidadãos de Israel se afirmarem judeus e ateus. Existem ainda escolas como o **hassidismo**, que busca uma conexão espiritual e direta com a divindade por meio de práticas e manifestações de fé que envolvem leituras coletivas, músicas e danças.

Essa variedade de comunidades e orientações judaicas ajudaram a construir uma pluralidade de visões políticas no país. Como é a democracia mais estável da região, com altos níveis de inclusão social, de gênero e de culturas, o desafio da sociedade israelense tem sido administrar a influência das questões religiosas na vida política do país. Israel é significativamente dividido entre aqueles que defendem um Estado laico e participativo, fomentando acordos de paz com as nações vizinhas, e os que sustentam, cada vez mais, que o Estado representa a religião, o povo e a história judaica, em uma iniciativa similar à de muitos governos que se identificam como *confessionais* (Enderlin, 2018; Yadgar, 2020). Essa última iniciativa vem sendo apoiada por grupos cristãos internacionais radicais, que enxergam em Israel uma fronteira contra a expansão islâmica no mundo.

O mundo contemporâneo vivencia, portanto, um novo período de definições na convivência religiosa no Oriente Médio. Como vimos, essa região tem sido um espaço de disputas que se projetam para fora de seus limites territoriais. Todavia, a manutenção de diálogos pacíficos e a incidência cada vez mais esporádica de agressões entre os países (com exceção da Síria, envolvida em seus conflitos internos) apontam também para a possibilidade da formação de uma nova consciência sobre os diálogos cultural e religioso e sobre a construção de uma experiência ecumênica mais acessível.

Indicações culturais

Documentários

ISLÃ. Direção: Candace Corrigan e Joan Geiser. EUA: Europa Filmes do Brasil, 1998. 47 min. (Religiões do Mundo). Disponível em: <https://www.youtube.com/watch?v=akTMgrkXM7M>. Acesso em: 16 out. 2020.

JUDAÍSMO. Direção: Gene Smith. EUA: Europa Filmes do Brasil, 1998. 47 min. (Religiões do Mundo). Disponível em: <https://www.youtube.com/watch?v=MmgADShuCCk>. Acesso em: 16 out. 2020.

Recomendamos esses dois excelentes documentários que pertencem à mesma série, *Religiões do Mundo*, pois eles apresentam introduções histórica e morfológica dessas religiosidades, privilegiando as crenças, os dogmas, os ritos e os sistemas de funcionamento de cada uma. A análise feita nos documentários é isenta e consegue priorizar os aspectos sagrados dessas religiões, sem politizações ou deformações históricas.

Livros

DERSHOWITZ, A. **Em defesa de Israel**: uma visão ampla dos conflitos no Oriente Médio. Tradução de Mario R. Krausz. São Paulo: Nobel, 2004.

SCHOENMAN, R. **A história oculta do sionismo**: a verdadeira história da formação do Estado de Israel. Tradução de Carla Garcia Carrion e Rosângela Botelho. São Paulo: Sundermann, 2008.

Sugerimos a leitura dessas duas obras para quem deseja conhecer duas visões distintas sobre a formação de Israel. Alan Dershowitz busca apresentar uma defesa do lado judaico no processo de ocupação do território, constantemente acusado de desconsiderar a presença de árabes e palestinos. Já Ralph Schoenman propõe que o sionismo sempre foi um projeto colonial, nos moldes europeus do século XIX.

SÍNTESE

Como vimos neste capítulo, o Oriente Médio é uma região onde a religiosidade islâmica predomina, mas nem por isso ela deixa de ser plurifacetada. Diversas interpretações do islã (como o sunismo, o xiismo e as demais vertentes) convivem nesse complexo espaço que testemunha, também, a existência do judaísmo, do cristianismo e de expressões religiosas relativamente novas, como a dos drusos.

Observamos ainda como o mundo muçulmano produziu vertentes místicas como o sufismo e como a história recente do Líbano e de Israel é permeada por conflitos religiosos, que revelam os confrontos das tradições com a construção de um mundo moderno. Somente compreendendo toda essa diversidade poderemos superar nossos preconceitos e equívocos acerca do mundo árabe e de sua dinâmica atual.

ATIVIDADES DE AUTOAVALIAÇÃO

1. Com relação ao mundo islâmico, podemos apontar que a diferença entre o sunismo e o xiismo:
   A] é uma divisão antiga, de cunho político, que gradualmente adquiriu contornos religiosos.
   B] é uma divisão recente, que corresponde a uma visão menos radical (sunismo) e mais radical (xiismo) do islamismo.
   C] é uma variação das teorias salafitas, que abarcam a maior parte dos países asiáticos atuais.
   D] é uma divisão na qual o primeiro é mais materialista e o segundo é mais místico.
   E] é uma divisão geográfica, na qual o primeiro corresponde à Ásia Oriental e o segundo, à Ásia Ocidental.

2. Sobre o judaísmo no Israel contemporâneo, é correto afirmar:
   A) É caracterizado por uma visão unificada da fé, respaldada pelo apoio de um Estado religioso.
   B) É entendido como uma religiosidade multifacetada, que vivencia graus diferentes de envolvimento com a política e com a formação social.
   C) É entendido como uma religiosidade única, que defende uma conversão forçada de todas as outras denominações.
   D) Não podemos afirmar que o judaísmo ainda exista hoje, tratando-se de uma visão intelectual de religião.
   E) O judaísmo de hoje é um projeto político, sem características religiosas.

3. No que diz respeito à atual relação entre as religiosidades e a política no Oriente Médio, é correto afirmar:
   A) Essa relação organiza-se em uma frente única islâmica, em que não há disputas internas e os Estados estão firmemente vinculados à religião.
   B) Essa relação é marcada por divisões políticas ligadas à religião, seja no Líbano, seja em Israel, seja nas diferenças entre sunitas e xiitas.
   C) O equilíbrio regional é determinado pela convivência das crenças, que permitiram um contexto de paz duradoura.
   D) As religiosidades não têm quase nenhuma influência nos problemas políticos da região.
   E) O problema central continua a ser a disputa por Jerusalém, herdada da época das Cruzadas.

4. Sobre a Fé Baha'i, é correto afirmar:
   A] É uma expressão religiosa nascida do diálogo intercultural entre civilizações, principalmente após o século XIX.
   B] É uma seita islâmica, derivada do xiismo.
   C] É um culto monoteísta de origem árabe, alternativo ao islã.
   D] É uma reinterpretação atualizada do monoteísmo dualista zoroastrista persa.
   E] É uma forma cristianizada de fé islâmica.

5. Podemos considerar a religião drusa como:
   A] uma reconhecida seita islâmica sunita.
   B] uma reconhecida seita islâmica xiita.
   C] uma etnorreligiosidade resultante da hibridização de vários elementos advindos do islamismo, do cristianismo e de outras filosofias.
   D] uma etnorreligiosidade baseada em uma resposta radical cristã ao contexto de guerra civil do Líbano.
   E] uma seita judaica inovadora surgida no contexto de modernização do Estado de Israel.

Atividades de aprendizagem

Questões para reflexão

1. O sábio Sufi Nasrudin (1208-1284), conhecido como *sábio tolo* ou *sábio brincalhão*, deixou-nos importantes contos e passagens, que servem como ensinamentos para a reflexão. Seus contos sempre trazem alguma lição moral ou didática. Acompanhe essa pequena história:

[Um dia] Cogia Nasr Eddin Efendi (ou simplesmente, Nasrudin) subiu ao púlpito para pregar e perguntou: "Ó crentes, não sabeis o que vou dizer para vocês?" O povo respondeu: "Querido Cogia Efendi, não sabemos!". Então, Cogia asseverou: "De que maneira eu posso ensinar para vocês?" [e foi-se embora].

Outro dia, Cogia novamente subiu ao púlpito e disse: "Ó crentes, não sabeis o que venho dizer para vocês?".

"Nós sabemos!", responderam eles. Cogia questionou: "Alguns de vocês já sabem, então o que tenho a dizer para vocês?". Levantou-se da cadeira e saiu.

A assembleia ficou bastante surpresa e, ao saírem, comentaram: "Quem, entre nós, sabe? Quem não sabe?".

Noutro dia Cogia subiu mais uma vez ao púlpito, dizendo: "Ó irmãos, quando eu vos disse: 'Sabem o que vos direi?', alguns responderam: 'Nós sabemos', outros disseram: 'Nós não sabemos'. Agora seria bom que aqueles entre vocês que sabem ensinem aqueles que não sabem".

Fonte: Borow, 1884, p. 254, tradução nossa.

Com base nesse fragmento, reflita: Como a ironia de Nasrudin contribui, de fato, para os processos de meditação e de aprendizado buscados pelo sufismo? Como se aprende a ser um sábio? Se pode saber tudo ou é possível apenas deter fragmentos de verdades?

2. Assista ao documentário *Judaísmo*, recomendado na seção "Indicações culturais", no qual são comentadas as diferenças entre as várias tradições existentes dentro dessa religião. Depois, reflita sobre como as histórias de Israel e do judaísmo estão intimamente ligadas aos problemas contemporâneos.

Atividade aplicada: prática

1. Assista ao documentário *Islã*, recomendado na seção "Indicações culturais", que apresenta uma versão atualizada da história islâmica e sua situação do mundo atual. Depois, elabore uma análise crítica contemplando as seguintes questões: Qual é a diferença entre o islã propalado pela mídia comum e o islã apresentado por especialistas? Que semelhanças o sufismo tem com as doutrinas iniciáticas?

RELIGIOSIDADES NA ÁSIA CENTRAL, NO AFEGANISTÃO E NO PAQUISTÃO

O que denominamos *Ásia Central* constitui-se em um imenso espaço geográfico que se estende das fronteiras do Irã até a China e que hoje compreende as repúblicas do Cazaquistão, do Quirguistão, do Tajiquistão, do Turcomenistão e do Uzbequistão. Usualmente, o Afeganistão está diretamente relacionado ao contexto político da região, embora apresente suas especificidades.

3.1 A Ásia Central

O problema para se definir o que poderia ser identificado como *Ásia Central* está nos paradigmas que utilizamos para analisar esse quadro geográfico e cultural. De forma convencional, a região foi delimitada artificialmente como o grupo de países asiáticos intracontinentais, sem contato com oceanos e fora da sinosfera – área de influência cultural chinesa (Olic; Canepa, 2007).

Essa classificação pode ser apropriada para os dias de hoje, mas não corresponde exatamente ao processo de transformação que a região vivenciou. Essa área é, desde a Antiguidade, objeto de intermináveis disputas territoriais, tendo presenciado a ascensão e a queda de diversos impérios. Persas, gregos, nômades, turcos e mongóis tentaram exercer soberania sobre o grande número de povos diferentes que habitaram essas paragens (Rodrigues, 1999). Por isso, as referências territoriais se alternaram continuamente, constituindo certas dificuldades em definir um perfil geográfico. Contudo, apesar de coexistirem várias culturas e etnias diferentes, esse espaço da Ásia Central reconhece certas tensões e problemas que parecem comuns a todos, dando uma conformação especial à região.

Um dos aspectos definidores da Ásia Central é a presença massiva da religião islâmica, que sobrepujou todos os cultos nativos. Esse longo processo de conversão começou no século VIII, depois que o Califado Abássida (de 750 a 1517) e a Dinastia Tang (de 618 a 906) fixaram o controle da região após uma série de conflitos. A presença árabe redesenhou as características culturais desses povos, proporcionando uma fértil fusão do islamismo sunita com as tradições locais. No século XVI, porém, a Dinastia Safávida (de 1501 a 1722) assumiu o poder na Pérsia (atual Irã) e estabeleceu um governo de orientação xiita, contrabalançando a presença sunita na região (Avery et al., 1991a). Desde essa época, um dos pontos de atrito na região foi a disputa entre turcos, árabes e iranianos, que buscaram expandir sua área de influência religiosa. Essa questão seria retomada com grande ênfase no século XX, principalmente no período pós-colonial (Avery et al., 1991b).

No século XIX, a Ásia Central foi palco do "**grande jogo**", a corrida empreendida entre russos e ingleses pelo domínio dessa parte do mundo. O Império Russo foi bem-sucedido em se impor no chamado *Turquestão* (que englobava os cinco países hoje entendidos como *Ásia Central*). Enquanto isso, o Império Britânico consolidou seu domínio na Índia e tentou invadir o Afeganistão, mas sem grande êxito (Adle, 2005). O país conseguiria manter uma independência relativa, alternando alianças com ingleses e russos.

Após a Revolução Russa (1917), a Ásia Central foi paulatinamente integrada à União das Repúblicas Socialistas Soviéticas (URSS), sendo dividida em repúblicas, cujo traçado geográfico é o mesmo de hoje. Um quadro desse complexo contexto pode ser visto no romance *Ali e Nino*, de Kurban Said, lançado em 1937 e publicado no Brasil em 2000, que retrata com cuidado o delicado equilíbrio entre as culturas locais e a chegada dos soviéticos à região.

IMPORTANTE!

Kurban Said era o pseudônimo de Lev Nussimbaum, escritor judeu azeri que se manteve oculto durante décadas. Além do romance *Ali e Nino* (Said, 2000), ele também escreveu, sob o pseudônimo de Essad Bey, a obra *Sangue e petróleo no Oriente (Blood and Oil in the Orient)*, de 1929 (Bey, 1931), livro que impressionou profundamente os círculos intelectuais europeus na década de 1930. Sua história é investigada no livro de Tom Reiss *O orientalista*, de 2007. *Ali e Nino* virou um filme britânico lançado em 2016, tendo sido preservado o fio central da trama do livro.

O período de domínio comunista contribuiu para modificar a relação das culturas da Ásia Central com a religião islâmica. Embora o governo soviético se propusesse a ser tolerante com as denominações religiosas, era oficialmente ateu. Isso provocou diversos conflitos e perseguições pontuais contra os muçulmanos mais fiéis. Houve também uma "russificação" dessa região, fato que serviu para aumentar o controle sobre ela, atenuando a influência religiosa no poder político (Adle, 2005). Isso fortaleceu a existência do sistema administrativo estatal, que atrelava a burocracia e a economia às orientações do Estado. O progresso material dos países sob o domínio soviético parecia apontar para uma diminuição da influência religiosa na vida pública. Todavia, após 1989, com a dissolução da União Soviética, houve uma grande renascença do islamismo nesses países – agora, independentes. Nesse período de transição, o crescimento religioso ensejou, novamente, dois grandes focos de tensão:

1. a viabilidade de um Estado de direito puramente laico, aos moldes ocidentais ou soviéticos, já que a maioria da população assumira novamente suas antigas tradições culturais muçulmanas;
2. a retomada da disputa de influência entre Irã e Arábia Saudita pela hegemonia religiosa (xiita ou sunita), que implicava uma aproximação com os novos governos estabelecidos.

Essa questão era não só cultural, mas também econômica: os países da Ásia Central são ricos em recursos energéticos naturais (principalmente gás combustível), o que os torna objeto de interesse mundial. Ademais, alguns desses países detinham armas nucleares, que precisaram ser negociadas com a Rússia para evitar sua disseminação acidental e prover um equilíbrio de poder menos precário na região. Essas repúblicas aparentemente conseguiram, no entanto, manter um modelo político estável, em que a orientação religiosa islâmica está fortemente presente nos âmbitos político e cultural.

3.2 O caso do Afeganistão

O Afeganistão apresenta uma conjuntura que merece uma análise especial. Em 1978, uma revolução derrubou a monarquia afegã e instaurou um regime de orientação socialista, que logo recorreu ao suporte da União Soviética. Diversos grupos se aproveitaram desse momento de crise e iniciaram uma disputa de poder, atacando o governo e lutando entre si. Os conflitos misturavam questões étnicas e religiosas, lançando novamente o país no caos. Relutantemente, a União Soviética atendeu ao apelo do governo afegão e interveio no país em dezembro de 1979, envolvendo-se em uma guerra que duraria dez anos e terminaria em um fracasso retumbante para ela.

Um fator de unificação entre os grupos de resistência afegãos era sua identidade religiosa, calcada no sunismo. Genericamente, eles se identificavam como *mujahidin*, ou "guerreiros santos", e caracterizavam sua luta como uma guerra santa (*jihad*) contra o regime comunista ateu e materialista. Os guerrilheiros receberam suporte militar e financeiro dos países sunitas, principalmente da Arábia Saudita e do Paquistão. Os Estados Unidos contribuíram ativamente com a causa afegã, enviando conselheiros e armas (Wahab; Youngerman, 2007).

A retirada soviética deixou um vácuo de poder, que foi preenchido pelos grupos islâmicos mais fortes, entre os quais se destacou o **Talibã** ("Estudantes"), grupo sunita da etnia pashtu, que instituiu uma visão literal da Lei Islâmica no país. A década de 1990 testemunhou o controle do Afeganistão nas mãos desse grupo, e o país se tornou um abrigo para terroristas e guerrilheiros islâmicos. Houve uma grande preocupação por parte da Rússia e da Índia de que a influência dinâmica do Talibã pudesse se espalhar pela Ásia Central. Esse movimento conseguiu atrair bastante atenção da mídia, principalmente pelos abusos e pelas violências contra minorias, mulheres e estrangeiros. Em 2001, o grupo explodiu os monumentos budistas milenares de Bamiyan sob a alegação de que eram objetos de idolatria, ignorando os apelos internacionais (Wahab; Youngerman, 2007).

IMPORTANTE!

Os Budas de Bamiyan (Figura 3.1) foram monumentos construídos provavelmente depois do século I E.C.[1] pela escola de Gandhara, importante vertente artística que floresceu nos reinos greco-budistas da região. Após as invasões de Alexandre Magno no século IV A.E.C., grande parte da região conheceu um processo de helenização, que se refletiu na formação de um cânone artístico indo-grego. A destruição colocou em pauta o significado dos patrimônios artísticos mundiais em relação às visões políticas e religiosas dos países ocidentais e orientais: Afinal, quem decide o que é historicamente importante e o que deve ser preservado?

FIGURA 3.1 – Um dos Budas de Bamiyan antes e depois do ataque de 2001

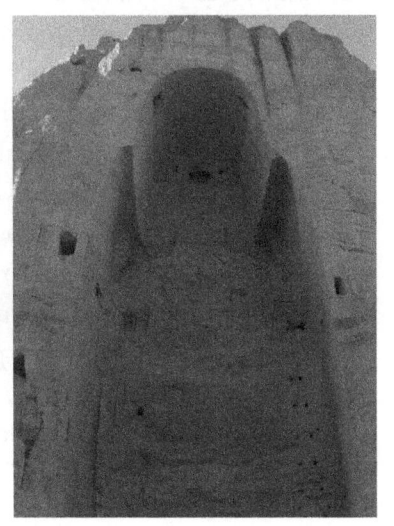

---

1   A notação E.C. significa "Era Comum" e A.E.C., "Antes da Era Comum". Ambas correspondem à datação temporal atualmente utilizada, respeitando-se as religiosidades asiáticas sem impor o marco cristão.

Embora a instituição do fundamentalismo talibã fosse vista, no Ocidente, como uma reação retrógada e conservadora de grupos sunitas, algumas comunidades islâmicas na Ásia Central perceberam esse movimento como uma espécie de renovação espiritual na política, uma ideia que seria retomada depois pelo Estado Islâmico no Iraque.

Após o ataque às Torres Gêmeas em 11 de setembro de 2001, os Estados Unidos decidiram invadir o Afeganistão, país que servia de base para a Al-Qaeda, grupo terrorista que havia planejado a ação. Desde então, o "grande jogo" recomeçou: o governo talibã foi derrubado no mesmo ano de 2001, mas o grupo continuou a atuar clandestinamente (Napoleão, 2013).

Assim, uma longa guerra tem se arrastado, durante quase vinte anos, e as previsões de término falharam. Rússia e China continuam a manter seu interesse na área por sua localização geográfica, por seus possíveis recursos e também por seu papel como terreno de acirrados conflitos ideológicos. De certa forma, o Afeganistão representa um laboratório para movimentos religiosos e políticos, e a resistência afegã provou o sucesso de forças guerrilheiras, religiosamente motivadas, em conflitos assimétricos contra grandes potências. Apesar de suas derrotas, a continuidade e a resistência talibã criaram a imagem de que o discurso islâmico radical é um fator de inspiração poderoso e decisivo. Ideias como essas se encaixam, novamente, na concepção de superioridade espiritual difundida pelo ocidentalismo, como bem apontaram Buruma e Margalit (2006).

3.3 Paquistão

Após a independência da Índia em 1947 (que examinaremos com mais detalhes no próximo capítulo), o território foi repartido em duas novas repúblicas: a Índia hindu e o Paquistão islâmico.

A divisão da região não correspondeu diretamente à concentração das etnias e das religiosidades na geografia indiana, causando uma onda de migrações forçadas e conflitos que sacrificaram mais de meio milhão de pessoas.

A partir desse momento, o Paquistão passou por um longo processo de reconstrução de sua identidade. Embora etnicamente os paquistaneses fossem essencialmente indianos – compartilhando línguas e costumes com as diversas populações do norte da Índia –, a unidade cultural do novo país vinculou-se à cultura islâmica, herdada do longo período de instalação da Dinastia Mogul (de 1526 a 1857) na região (Winbrandt, 2009). Segundo Winbrandt (2009), o país se tornou o grande antagonista político da Índia, envolvendo-se em conflitos sucessivos com o vizinho, e vivenciou também períodos de autoritarismo, em que se pretendia contrabalançar a ascendência religiosa sobre seu governo. Em 1971, o Paquistão passou por uma guerra civil, que resultou na independência de Bangladesh (antes, Paquistão Oriental), cuja população da etnia bengali, apesar de ter maioria muçulmana, sentia-se mais identificada com seus parentes indianos. Esse fator revela que a influência religiosa, embora tenha sido decisiva no momento da divisão territorial, não foi capaz de superar por completo certas identidades e diferenças culturais.

Mesmo com todos esses reveses, o Paquistão tem caminhado para se tornar uma das grandes potências mundiais, dispondo de um arsenal nuclear e desenvolvendo uma economia crescente. Esses fatores levaram o governo paquistanês a buscar maior protagonismo na Ásia Central e no mundo islâmico. Assim, o país tem aumentado suas relações econômicas e culturais com as ex-repúblicas soviéticas, graças a suas afinidades religiosas, que apontam para a formação de um novo bloco religioso majoritariamente sunita, equilibrando as atividades árabes e iranianas na região. O Paquistão também tem servido de porta de entrada para as questões do Afeganistão, sendo considerado pelos Estados Unidos seu principal aliado. A China tem tratado o país como um parceiro importante, capaz de conter o radicalismo religioso islâmico e a esfera de influência indiana.

Mostrando que a relação entre política e religião se mantém estreita, o Paquistão tem procurado se afastar da influência de grupos fundamentalistas, mas a herança cultural islâmica, alicerce da identidade paquistanesa, comprova que ainda há muito a fazer na construção de um novo modelo de governo confessional. A descoberta, em 2011, de que Osama Bin Laden (1957-2011), líder da Al-Qaeda, estava escondido no país revela que muitos grupos islâmicos nativos ainda acreditam que a melhor forma de resistir às pressões da modernidade é manter uma visão conservadora da religião islâmica. A recorrência ao passado como salvação para o futuro, um fenômeno comum no contexto contemporâneo, encontra viva repercussão nessa comunidade, servindo à elaboração de novos modelos políticos nos quais a religiosidade se mantém ativamente presente (Mishra, 2007).

INDICAÇÕES CULTURAIS

Livros

HOSSEINI, K. **O caçador de pipas**. Tradução de Maria Helena Rouanet. Rio de Janeiro: Nova Fronteira, 2005.

Khaled Hosseini conta a história de Amir, jovem afegão cuja vida é atravessada pelas tensões étnicas e religiosas do país. Depois de viver a invasão soviética e ser obrigado a exilar-se, Amir é obrigado a confrontar seu passado.

SAID, K. **Ali e Nino**: a love story. Rio de Janeiro: Nova Fronteira, 2000.

O autor descreve o complexo quadro cultural e religioso existente no Azerbaijão do início do século XX até a chegada do socialismo.

Síntese

A história da Ásia Central não é muito conhecida por nós, visto que ouvimos falar em *terrorismo* e *fanatismo*, mas pouco sabemos sobre a imensa riqueza cultural e histórica dessa região. A fim de suprir essa lacuna, neste capítulo, analisamos a geografia e as religiosidades presentes nesse território e suas conexões históricas com o Afeganistão e o Paquistão.

Vimos também que essa imensa área é permeada por conflitos ideológicos recentes (como foi o caso do domínio soviético) e que suas sociedades continuam buscando construir as próprias identidades culturais.

Atividades de autoavaliação

1. Como podemos definir a Ásia Central?
   a) Pluralidade de culturas, com religiosidade predominantemente islâmica.
   b) Pluralidade religiosa e unidade civilizacional.
   c) Unidade cultural e religiosa, com padrões que definem a região.
   d) Um país composto por vários povos e religiosidades.
   e) Uma unidade federativa de países herdeiros de uma estrutura soviético-islâmica unificada.

2. Com relação ao papel da religião islâmica na Ásia Central, é correto afirmar:
   a) A religião islâmica é dominada por uma visão única, formando uma ampla comunidade.
   b) A religião islâmica é dominada por visões múltiplas, que incluem versões islâmicas politeístas.
   c) Apesar da predominância sunita, há uma disputa entre Irã e Arábia Saudita por influência política e religiosa na região.

D) Há uma disputa entre o hinduísmo e o islamismo pelo domínio da fé na Ásia Central.

E) O crescimento impactante do cristianismo na Ásia Central tem abalado o predomínio islâmico, causando conflitos na atualidade.

3. Sobre os seguidos conflitos no Afeganistão, é correto afirmar:

    A) Trata-se de uma única longa e ininterrupta guerra pela consolidação de uma identidade afegã contra o domínio colonial.

    B) São resultado da imposição oficial do ateísmo na época soviética, seguida do domínio norte-americano que impôs o cristianismo.

    C) Resultam de um conflito do mundo islâmico com o Ocidente, e o Afeganistão é apenas o palco dessas disputas.

    D) Constituem-se de fases diferentes, em que a questão religiosa islâmica atuou de forma efetiva, mas com focos diferentes: ora combatendo o domínio soviético, ora combatendo o que entendeu ser uma invasão norte-americana.

    E) São resultado dos conflitos entre a União Soviética, a Índia e o Paquistão pela região, e a religião teve um papel secundário.

4. Sobre a busca do Paquistão por protagonismo na Ásia Central, é correto afirmar:

    A) O país tem procurado se afastar de grupos religiosos radicais, sem abandonar a fé islâmica, mas alinhando-se de forma moderada aos Estados Unidos e à China.

    B) O país tem procurado se afastar de grupos religiosos radicais, abandonando a fé islâmica em direção a um Estado laico.

    C) O país tem radicalizado seu papel no mundo muçulmano, criando uma versão etnorreligiosa do islã.

D] O país tem reforçado sua participação em grupos radicais e extremistas, de maneira a contrabalançar o poder norte-americano.

E] O país tem se deslocado em direção ao Irã xiita, equilibrando as relações regionais.

5. Sobre os grupos radicais que atuam na Ásia Central, é correto afirmar:

   A] Constituem-se em uma minoria restrita, que pretende uma retomada conservadora e reacionária do poder em termos religiosos.

   B] Constituem-se na maioria do povo, que apoia ações contra o Ocidente.

   C] Constituem-se em uma minoria restrita, que clama por um retorno ao passado saudosista do mundo soviético.

   D] Constituem-se em grupos diversos, cuja ação nada tem de cunho religioso.

   E] Constituem-se em grupos cuja atuação pretende reformar os países da região em direção a Estados modernos e laicos.

ATIVIDADES DE APRENDIZAGEM

Questão para reflexão

1. Em 11 de setembro de 2001, aconteceu o terrível atentado contra as Torres Gêmeas de Nova York, que causou milhares de mortes e aterrorizou os norte-americanos. Pouco tempo depois, em uma reportagem, Cheterian (2001) afirmou:

   > Nos últimos dez anos, produziu-se na Ásia central um novo "grande jogo" que tinha por objetivo preencher o vazio deixado pelo colapso da União Soviética. Deslocando suas forças militares para as antigas bases do Exército Vermelho no Uzbequistão, os Estados

Unidos confirmam o crescimento de sua influência desde o fim da guerra fria. Mas a intervenção norte-americana nessa região implica negociações complicadas com um certo número de países de interesses políticos divergentes, o que poderia vir a representar um custo político a Washington.

Com base nesse trecho, no que vimos neste capítulo e em seus conhecimentos, responda:

A] O que você lembra do atentado de 11 de setembro contra as Torres Gêmeas?
B] Que informações foram repassadas pela mídia?
C] Qual imagem você guardou desse episódio?
D] Como você compreende as relações entre as religiosidades da Ásia Central e os conflitos que advieram depois desse evento?
E] Você acha que os norte-americanos acabaram fazendo o mesmo que os soviéticos décadas depois?

Atividade aplicada: prática

1. Leia as obras *Ali e Nino*, de Kurban Said (2000), e *O caçador de pipas*, de Khaled Hosseini (2005), ambas recomendadas na seção "Indicações culturais", e analise como as tensões políticas e religiosas descritas neste capítulo se relacionam com as histórias dos livros e quais questões levantadas em nosso conteúdo aparecem ao longo das narrativas. Elabore um fichamento para comparar as questões principais dos livros com as discussões deste capítulo, explicitando o que você identifica em comum nelas.

RELIGIOSIDADES NA ÍNDIA CONTEMPORÂNEA

A civilização indiana tem uma trajetória milenar, podendo seguramente ser considerada uma das mais antigas do mundo. Todavia, as ideias de *Índia* e de *hinduísmo* são bem recentes e estão diretamente ligadas à presença britânica na região no século XIX (Fonseca, 1999). Esses conceitos foram gradualmente construídos no âmbito de uma epistemologia de cunho colonial, que empreendeu a taxonomia das formas históricas e culturais da Índia. Por um lado, autores como Dadabhai Naoroji (1825-1912) chegaram a afirmar que o domínio britânico havia sido positivo para a construção de uma identidade indiana e contribuiu para o desenvolvimento científico e social do país. Por outro, Bal G. Tilak (1856-1920) defendia a independência plena do país, em franca oposição ao domínio estrangeiro – embora a imagem da Índia e a identidade religiosa que ele sustentava tenham sido, justamente, criadas pelo imperialismo (Bueno, 2011b).

> **IMPORTANTE!**
> A palavra *epistemologia* designa o conjunto de conhecimentos, teorias explicativas e instrumentos metodológicos empregados pelo ser humano para a produção de saberes sobre a natureza, as ciências e as filosofias. Boaventura de Sousa Santos e Maria Paula Meneses (2009a) argumentam que as ciências ocidentais são baseadas em visões eurocêntricas de mundo, sem levar em conta os saberes tradicionais das sociedades colonizadas.

4.1 Hinduísmo: um conceito recente

Inicialmente, cabe salientar que a Índia, como país, é recente na história mundial – apesar de sua civilização antiquíssima, como comentamos anteriormente. Além disso, o que se denomina *hinduísmo* é uma classificação tipológica para a diversidade de tradições religiosas que marcam a cultura indiana. Uma expressão genérica que representa a ideia de hinduísmo é *Sanatana Dharma* ("Darma Eterno"), cuja popularização também é recente.

Essas considerações são importantes para compreendermos a discussão dos fenômenos religiosos modernos na Índia. A palavra *hinduísmo* foi adotada como um fator de identidade cultural e tem sido empregada em referência a uma cultura e a uma civilização. A ênfase nesse sentido tem criado um movimento de aglutinação em torno de seu significado religioso – isto é, como se "ser indiano" fosse "ser hinduísta", estabelecendo-se igualmente uma oposição com outras denominações religiosas e culturais existentes dentro do país e em suas fronteiras. Aurobindo Ghose (1872-1950), um dos defensores dessa visão, definiu essa junção da seguinte maneira:

> O que é a religião hindu? O que é esta religião a que chamamos Sanatan, eterna? É a religião hindu apenas porque a nação hindu a manteve, porque nesta península ela cresceu na separação imposta pelo mar e pelos Himalaias, porque nesta terra sagrada

e antiga ela foi dada à raça ariana para ser conservada através das idades. Mas não se circunscreve aos confins de um único país, não pertence particularmente e para sempre a uma determinada parte do mundo. Aquilo a que chamamos religião hindu é na verdade a religião eterna, pois é a religião universal que abarca todas as outras. Se uma religião não for universal, não poderá ser eterna. Uma religião estreita, sectária, exclusiva, só poderá viver por tempo limitado e tendo um fito limitado. Esta é a religião que pode triunfar sobre o materialismo, incluindo e se antecipando às descobertas da ciência e especulações da filosofia. É a religião que faz ver à humanidade a proximidade de Deus e abarca em seu âmbito todos os meios possíveis pelos quais o homem pode aproximar-se de Deus. É a religião que insiste a todo instante sobre a verdade reconhecida por todas, a de que Ele está em todos os homens e em todas as coisas e que n'Ele nós agimos e temos nosso ser. É a religião que nos capacita não só a compreender e acreditar nessa verdade, mas também senti-la com todas as partes de nosso ser. [...] Não digo mais que o nacionalismo é um credo, uma religião, uma fé, mas que o Sanatan Dharma para nós é nacionalismo. Esta nação hindu nasceu com o Sanatan Dharma, com ele marcha e cresce. Quando o Sanatan Dharma declina, a nação declina e se o Sanatan Dharma pudesse desaparecer, com ele ela desapareceria, o Sanatan Dharma, que é nacionalismo. Esta é a mensagem que tenho para transmitir. (Ghose, citado por Bueno, 2011b, p. 105-106)

O fenômeno de conexão entre a religião e a formação do Estado está diretamente ligado à história moderna da Índia. Durante seu processo de independência, iniciado já no final do século XIX, diversos grupos surgiram dentro dessa lógica, cujas orientações eram bastante diversas (Coward, 1987). Um exemplo, o qual retomaremos adiante, é o da Rashtriya Swayamsevak Sangh (RSS), ou Organização Voluntária Nacional, grupo fundado em 1925, de orientação fascista, nacionalista e hinduísta, que defendia a libertação do país por meio de ações de guerrilha e terrorismo.

Havia na época organizações de inspiração liberal, mas não necessariamente laica; contudo, o grande articulador do movimento de libertação foi Mohandas K. Gandhi (Mahatma Gandhi, 1869-1948), que desenvolveu a resistência pacífica e não violenta (*ahimsa*) contra o domínio colonial. As fontes de Gandhi eram variadas: ele havia lido autores como Henry Thoreau e Leon Tolstói e recorrera às tradições religiosas indianas para inspirar a sociedade a atuar de forma pacífica (Gandhi, 2019). Seu exemplo de resiliência e devoção serviu para consolidar o movimento de independência indiano, caracterizado como a primeira reação não violenta de resistência ao colonialismo bem-sucedida na história mundial (Jordis, 2007).

A autonomia indiana veio em 1947, mas o uso das questões religiosas para inspirar os indianos acabou tendo consequências problemáticas nos anos seguintes. Ainda que Gandhi pregasse uma aliança entre hindus e islâmicos (a Índia conta com a terceira maior população muçulmana do mundo), a criação – e a subsequente oposição – entre identidades religiosas foi se tornando mais nítida e conflituosa. A separação entre Índia (hindu) e Paquistão (islâmico) foi amplamente explorada nos meios políticos e tornou-se inevitável, levando a uma série de embates violentos e a migrações forçadas. Gandhi atuou o quanto pode para atenuar esses conflitos, mas, por fim, foi acusado de agir de maneira ambígua, tanto por hinduístas quanto por muçulmanos. Em 1948, foi assassinado por Nathuram Godse, um agente da RSS, que o acusava de ser o responsável pela repartição da Índia e leniente para com o islã.

FIGURA 4.1 – Mohandas Karamchand Gandhi

StockImageFactory.com/Shutterstock

Assim, se o conceito de *hinduísmo* contribuiu para organizar a independência da Índia de maneira original, acabou também fortalecendo outros aspectos tradicionais da sociedade – não necessariamente positivos – na visão dos próprios indianos.

Bhimrao R. Ambedkar (1891-1956) foi um dos contestadores dessa situação. Um dos mais ativos artífices da libertação pacífica indiana, ele se tornou também um combatente incansável pelos direitos dos dalits (os "intocáveis" ou sem casta). Na visão de Ambedkar, a autonomia da Índia não trouxe grandes benefícios aos grupos menos favorecidos da sociedade, e a construção de uma identidade cultural indiana reforçou o sistema de castas e suas separações (Kumar, 2015). Ambedkar (2011) acabou repudiando o hinduísmo contemporâneo e liderou uma grande campanha de conversão dos dalits ao budismo, lutando por seu reconhecimento social e político.

Desde então, a Índia tem construído um perfil cultural complexo: se, por um lado, é a maior nação democrática do mundo em termos numéricos, com um representativo nível de desenvolvimento tecnológico e econômico, por outro, é uma nação abalada por imensos abismos sociais, em que a religiosidade tem sido utilizada, muitas vezes, como alternativa ideológica. A sociedade de castas foi transplantada para o mundo político indiano, e cada grupo procura eleger os próprios membros dentro do governo, em lutas afirmativas (Mishra, 2007). Mitos e discursos religiosos são usualmente empregados na vida cotidiana, e minorias têm sofrido com um aumento preocupante da exclusão e do preconceito. A Índia vive um estado de conflito latente, no qual a definição de uma nova identidade nacional, passando pela diversidade religiosa, torna-se um dos desafios mais prementes.

4.2 Manifestações do hinduísmo moderno

Examinaremos agora alguns elementos básicos que caracterizam o hinduísmo moderno, a fim de facilitar a compreensão de seus desdobramentos na contemporaneidade. Uma apresentação mais completa da religiosidade indiana milenar pode ser vista em Leite (2001), Renou (1968), Shattuck (2008) e Tinoco (2017), razão pela qual não nos deteremos em revisar sua história de longa duração. Com as concepções que mostraremos aqui, visamos balizar o sentido do hinduísmo atual, de maneira a delinear suas facetas e suas reinterpretações.

O hinduísmo dos dias de hoje mantém uma estrutura henoteísta, na qual coexistem mais de 300 mil divindades em diversas escalas hierárquicas. Dessas divindades, porém, **Shiva** e **Vishnu** têm se consolidado como norteadoras dos grandes movimentos religiosos.

Shiva representa o aspecto da transformação, da destruição material e do desapego; já Vishnu representa a ordem cósmica, a manutenção da existência e a exemplificação dos modelos heroicos, por meio de seus avatares (encarnações) como Rama e Krishna. Aparentemente, a devoção a Shiva tem se reproduzido em maior escala entre as camadas menos favorecidas da população, ao passo que Vishnu encontra maior ressonância entre as classes médias e altas. Essas informações, contudo, devem ser consideradas com cuidado: os indianos se relacionam de forma flexível com seu grande número de divindades, buscando caminhos para vários tipos de questões diferentes, e por isso as generalizações não devem ser interpretadas rigorosamente (Singh, 2011). De fato, ações como amplas reformas educacionais, aumento do acesso à leitura e aos livros e circulação da informação abalaram o monopólio dos conteúdos sagrados nas mãos dos brâmanes, tornando-os franqueados a toda a população.

IMPORTANTE!

O **henoteísmo** é uma classificação religiosa situada entre o politeísmo e o monoteísmo. No henoteísmo, é aceita a existência de vários deuses, que convivem de forma equilibrada no panteão da religião. No entanto, o surgimento dessas divindades, assim como de todo o Universo, é atribuído a um Deus primordial, que a tudo precede, caracterizando uma monogonia ou teogonia. No mesmo sentido, os devotos buscam apegar-se a uma divindade em especial, devotando-lhe um culto direto, em um fenômeno chamado *monolatria*. O termo foi difundido pelo estudioso de religiões Max Müller (1823-1900) e tem sido usado para definir o sistema de funcionamento do hinduísmo, das religiões africanas e do antigo javismo.

Isso evidentemente diversificou as possibilidades de compreensão das religiosidades indianas, antes circunscritas às limitações regionais e de castas. A teoria central do hinduísmo continua a ser a ideia de que vivemos em um mundo de ilusão (Maya) e que nosso objetivo é extinguir o ciclo de transmigração da alma (reencarnação) pelo domínio do carma[1] (nossas dívidas e conquistas espirituais). Teoricamente, seria esse mesmo carma que definiria o nascimento no mundo físico, em determinada casta e em função da evolução espiritual do indivíduo.

A questão é que os indianos atuais não estão mais dispostos a aceitar esses conceitos de maneira submissa: eles têm buscado melhorias na qualidade de vida material avidamente, e a riqueza é um símbolo de *status* social bem-aceito. Do mesmo modo, a reencarnação é objeto de um profundo debate filosófico, cuja estrutura de funcionamento não atingiu consenso entre os pensadores indianos. Por fim, as mais diversas castas indianas mais "baixas" se veem hoje como minorias ou como vítimas de preconceito e racismo, não se conformando com seu encargo "espiritual" e lutando por direitos civis.

As castas bramânicas se transferiram do topo da hierarquia religiosa para o topo da política, tendo, porém, de negociar com membros de outras castas que conseguiram alcançar poder econômico ou influência social. Ademais, a sociedade indiana comporta outras religiões, como islamismo, budismo, jainismo e cristianismo, que têm sofrido episódios severos de intolerância e perseguição, tornando distante o sonho da harmonia religiosa pregada por Gandhi (Mishra, 2007).

Essa situação criou uma profunda e complicada relação entre a religião e a vida política. Há uma nítida preocupação, por uma parte da sociedade, de que o Estado seja gradualmente apropriado

---

[1] Carma, em português, ou karma, em uma grafia mais comum e anglicizada.

por hinduístas radicais, convertendo-se em um modelo de governança nacionalista e fundamentalista. Todavia, a vastidão do território e a multiplicidade de culturas da Índia ainda dificultam um avanço mais profundo dessa tendência.

4.3 Nacionalismo hinduísta

Como vimos anteriormente, desde o início do século XX, a ideia de hinduísmo foi empregada como um fator identitário por correntes mais radicais da sociedade indiana. A orientação fundamental desses grupos era a Hindutva, que poderíamos traduzir, de forma adaptada, como "hinduidade" ou "Índia para os hindus", conforme explanado por Shattuck (2008). Para eles, o hinduísmo era uma religião nacional, que deveria envolver o Estado e nortear sua administração e sua existência. Indianos não hindus deveriam converter-se ou ser excluídos do país, e a concepção segregacionista, sintonizada com a de outros movimentos da época, como o fascismo e o nazismo, era evidente.

O nascimento da RSS em 1925 é fruto direto desse contexto de radicalização. O grupo teve uma recepção variada durante o período da Índia pós-independência, mas ressurgiu realmente com força após o término da Guerra Fria, no final dos anos 1980. Um movimento ligado à RSS deu origem, em 1951, ao Bharatiya Janata Party (BJP), ou Partido do Povo Indiano, braço político das ideias nacionalistas e hinducêntricas. Em 1998, esse partido conseguiu eleger Atal Vajpayee primeiro-ministro, evidenciando o aumento impactante de seu poder e de sua influência.

E o que essas tendências revelam sobre a religiosidade indiana atual? O crescimento do BJP representa uma retomada do discurso teológico bramânico, que reforça a ideia de uma sociedade estratificada em castas, na qual a execução do poder deve ficar sob a supervisão daqueles que tradicionalmente governaram os reinos indianos por milênios, os brâmanes e os xátrias (militares e nobres). A incapacidade do moderno governo indiano "laico" em resolver os principais problemas sociais e econômicos do país tornou o apelo nacional-tradicionalista atraente, distanciando-o da dicotomia ideológica capitalismo/socialismo. O hinduísmo ressurgia nesse momento como uma opção espiritual, uma terceira via entre o fim aparente do socialismo soviético e o predomínio do materialismo norte-americano e europeu.

Esse modelo próprio, indiano, congregava o hinduísmo como seu alicerce e naturalmente excluía variantes de seu *modus operandi*: assim, a antiga religiosidade indiana, caracterizada por sua abertura ao debate filosófico, tornou-se uma versão radical de religiosidade, criando um antagonismo aberto contra o islamismo – personificado na figura do Paquistão, o "grande inimigo" da Índia, segundo o BJP – e contra outras religiões instaladas no país há séculos.

Mishra (2007) descreve como, nos últimos anos, a Índia tem presenciado campanhas religiosas cujo propósito é eminentemente político: questões como a demolição de uma mesquita na cidade de Ayodhya e a construção de um templo dedicado a Rama serviram de estopim para atos de violência indiscriminada contra muçulmanos indianos. Do mesmo modo, o hinduísmo radical tem buscado reescrever a história indiana sob uma perspectiva hinducêntrica, colocando a civilização indiana como o centro do mundo antigo.

Segundo essa visão, as teorias que envolvem uma invasão ariana nos primórdios da civilização védica seriam um equívoco: na verdade, a Índia teria sido o celeiro espiritual e cultural das civilizações indiana, persa e mediterrânicas, e as deturpações na história indiana foram disseminadas pelos ingleses para facilitar o domínio colonial (Bueno, 2011b). Com isso, a literatura tradicional hindu, representada por textos como os Vedas ou as epopeias míticas *Mahabharata* e *Ramayana*, foi alçada à condição de fonte histórica e religiosa confiável, em um processo de literalização similar ao do fundamentalismo cristão ou islâmico. Mesmo indólogos ocidentais como Alain Daniélou (1989) e David Frawley (2018a, 2018b) assumiram a defesa desse discurso, fosse por suas vinculações ao hinduísmo, fosse por seus interesses em propor uma nova historiografia pós-colonial.

Embora esse cunho nacionalista ainda não seja predominante no hinduísmo contemporâneo, ele representa uma vertente importante, que não pode ser desconsiderada.

A imbricação da política com a religião, que tem se tornado muito comum no mundo contemporâneo, constitui um novo desafio também para os indianos e para o próprio hinduísmo. Nesse sentido, se as tentativas de institucionalizar a visão político-cultural bramânica forem refutadas pelo restante da população, a Índia vislumbrará não apenas uma revolução social, mas também se verá obrigada a revisar os dogmas que envolvem a relação entre carma, reencarnação e castas. Do mesmo modo, o conceito de Hindutva precisará ser revisto, em direção a uma sociedade plural e diversa, como muitos indianos ainda esperam.

4.4 Resistência sique

Surgida no final do século XV, a religião sique tem representado um importante movimento de resistência no contexto cultural indiano. Fundada pelo Guru Nanak (1469-1539), a doutrina dos siques ("discípulos") nasceu do desejo de fundir elementos do hinduísmo e do islamismo, baseada em uma reinterpretação do papel divino nessas duas religiões. Segundo Nanak, a divindade era una, mas conhecida por muitos nomes – e essa interpretação daria origem à diversidade de formas de devoção. Com base nesse princípio, ele realizou uma ampla análise dos princípios henoteístas indianos e monoteístas islâmicos, para conceber uma doutrina original, que preservava alguns conceitos éticos e filosóficos de ambas as religiões (Nesbitt, 2005; Singh, 2006).

A religião sique aceita a existência da reencarnação como processo de purificação espiritual e repudia a discriminação por castas ou por religião, admitindo a convivência e a participação de qualquer devoto em suas cerimônias e ritos. Esse princípio inclusivo veio com o islã, que reconhecia todos como iguais perante a divindade. A doutrina sique também defende a importância da defesa de seus ideais – lembremo-nos de que eles surgiram em um contexto no qual as pressões de ambos os lados, hindu e islâmico, poderiam pôr em risco sua sobrevivência. Isso trouxe para dentro do siquismo um ideal guerreiro, de resistência e compromisso, que ajudou a moldar sua imagem austera dentro do mundo indiano (Singh, 2006). Os siques não são necessariamente mais violentos do que qualquer outro grupo dentro da Índia, mas construíram para si mesmos um perfil combativo, que angariou o respeito de outras comunidades ao longo dos séculos.

No século XIX, os siques chegaram a formar um reino independente no atual estado de Punjab, no noroeste da Índia, em torno de sua capital religiosa, Amritsar. Tradicionalmente, esses fiéis começaram a servir como membros de um regimento e guardas de elite após o domínio de seu reino, em 1849, pelos britânicos. Essa confiança passou para o novo governo indiano, que adotou a guarda sique como símbolo de lealdade e valor. Com a independência e a partição da Índia em 1947, a *khalsa* (comunidade) sique do Punjab ficou exatamente na fronteira entre a Índia e o Paquistão, o que fortaleceu ainda mais a identidade do grupo e sua independência religiosa. No entanto, em junho de 1984, a então primeira-ministra da Índia Indira Gandhi ficou preocupada com os movimentos de autossuficiência e autonomia promovidos pelos siques e ordenou um violento e desproporcional ataque ao templo de Amritsar, onde alguns siques haviam se instalado para protestar. Nesse episódio, quase 500 pessoas morreram, provocando uma revolta generalizada.

Alguns meses depois, dois dos seguranças pessoais de Indira Gandhi, que eram siques, quebraram o tabu da lealdade e a assassinaram a tiros (Jacob; Tully, 1985). Uma onda de violência foi desencadeada contra os siques em outros lugares do país, causando centenas de mortes e reforçando a ideia, na *khalsa*, da necessidade de criar um espaço para se protegerem (Kaur, 2006). Esse episódio foi importante para mostrar a força da comunidade sique no país. Em 2004, quando Sonia Gandhi foi eleita primeira-ministra, preferiu não assumir o cargo e o passou para Manmohan Singh, político sique que se tornaria o primeiro líder não hinduísta da Índia. Essa decisão histórica reconciliou o Estado indiano com a comunidade sique, renovando a aliança entre ambos. Como podemos observar, as relações entre a religião sique e o mundo hinduísta foram marcadas por um processo de definição de espaços, permeado por atritos e acordos, nos quais a crença foi um fator marcante (Kaur, 2006).

IMPORTANTE!

Indira Gandhi (1917-1984) foi primeira-ministra da Índia de 1966 a 1977 e de 1980 a 1984. Ela não tinha qualquer parentesco com Mahatma Gandhi, sendo apenas uma coincidência o sobrenome comum – isso, porém, foi amplamente capitalizado em suas campanhas e na construção de sua imagem política (Agrawal, 2005). Seu filho, Rajiv Gandhi (1944-1991), foi primeiro-ministro de 1984 a 1989. Após sua morte, em 1991, Sonia Gandhi (sua esposa) foi cotada para continuar a carreira política da família, mas declinou em favor de Manmohan Singh.

4.5 O budismo atual na Índia e no Ceilão

Embora o budismo tenha nascido no contexto das tradições hinduístas, seu aparecimento marcou o primeiro enfrentamento da sociedade com o sistema de castas no mundo indiano. Sua longa história alternou períodos de esplendor, como a época Maurya – de 322 A.E.C. a 185 A.E.C. –, quando foi uma das principais doutrinas protegidas pelo Império, com um declínio gradual e constante após esse período (Kulke; Rothermund, 2004). De fato, o budismo foi muito mais bem-sucedido fora da Índia, na China, no Japão e no Sudeste Asiático, como veremos nos próximos capítulos.

Essencialmente, o budismo manteve os principais elementos das teorias hinduístas: os seres humanos vivenciam um processo de evolução espiritual, cujo principal objetivo seria a extinção de seus aspectos inferiores, acumulados em seus carmas. Esse processo se daria por meio de sucessivas reencarnações – e nesse aspecto o budismo inseria uma novidade: se Sidarta Gautama (o Buda) atingira o nirvana, ou a "iluminação espiritual", sendo um xátria (integrante da casta dos guerreiros), então qualquer pessoa de qualquer casta estaria qualificada a fazê-lo. Isso se contrapunha totalmente à ideia de ordenação social baseada na reencarnação, como era defendido pelos brâmanes. Os budistas fizeram mais: com base nessa crença, tornaram o budismo uma doutrina proselitista, que viajou dentro e fora da Índia para expandir sua fé (Smith; Novak, 2006).

Até o final do século XIX, entretanto, o budismo praticamente desapareceu na Índia, tendo sido preservado em algumas poucas comunidades. Em grande parte, isso ocorreu em razão da forte reação hinduísta, que buscou constantemente renovar seus cânones e suas concepções, ensejando a formação de várias escolas de pensamento (*darshanas*), cujas teorias enriqueceram a tradição filosófica indiana (Zimmer, 2015). No início do século XX, o novo ambiente político e cultural da Índia ensejou um maior interesse pelo budismo, fosse intelectual e acadêmico, fosse como uma renovada doutrina de enfrentamento em face da situação de hierarquização social mantida pelo hinduísmo tradicional.

Foi esse movimento que inspirou Ambedkar, desgostoso com a situação dos dalits, a se insurgir contra as instituições religiosas e se converter ao budismo em 1950. Sua atitude estimulou milhares de indianos a fazer o mesmo, dispondo-se a romper com a reprodução de seu antigo papel social na nova república indiana. Ambedkar (2011) fez mais: em sua principal obra, *The Buddha and His Dhamma* (*Buda e seu dhamma*), publicado pela primeira vez em 1956, ele elaborou uma poderosa síntese do budismo com ideias marxistas, defendendo que a autoafirmação dalit era um enfrentamento de classes e que o objetivo dos budistas, desde o início, era criar uma sociedade igualitária, harmônica e progressista, encerrando as desigualdades econômicas e sociais que eram encobertas pelo discurso religioso. Hoje, os budistas ainda não são muitos na Índia, concentrando-se no estado de Maharashtra (no centro-oeste do país), onde Ambedkar atuava. Mesmo assim, construíram uma comunidade sólida, que continua a atrair dalits e cidadãos de outras castas em virtude de um discurso inclusivo e igualitário.

O budismo encontrou abrigo no Ceilão (atual Sri Lanka), onde a linha teravada conseguiu se tornar majoritária e virou religião oficial de Estado. A ilha foi sede de um importante concílio budista em 29 A.E.C. e, desde então, a comunidade búdica cresceu gradualmente, e a população local estreitou seus laços com a doutrina. Ao longo dos séculos, o budismo se tornou um fator importante na construção identitária local entre os cingaleses. No século XX, a etnia tamil, que vive na ilha, opôs-se a essa situação, manifestando sua vinculação com o hinduísmo e promovendo uma guerrilha pró-independência que durou quase três décadas, encerrando-se somente em 2009. Outras religiosidades, como o catolicismo e o islamismo, têm uma presença minoritária na ilha, sem grande representatividade.

Em meio a esse panorama, cumpre salientar que o jainismo, outra antiga forma religiosa indiana, continua também a existir no país (Silva, 2019). O jainismo surgiu em torno do século VI A.E.C., sendo contemporâneo do budismo. Seu primeiro grande mestre, Mahavira (também chamado Jaina, ou "conquistador espiritual"), propunha uma radicalização do ascetismo, o quase total desprendimento do mundo material e das obrigações sociais. Embora tenham alcançado uma expansão importante na Antiguidade, os sucessivos movimentos de renovação do hinduísmo diminuíram gradualmente o tamanho da comunidade jaina. Algumas de suas ideias fundamentais se estabeleceram nas formas de pensamento filosófico indiano, como a defesa do atomismo, a impermanência da matéria e a concepção não dual da existência, ou seja, a ideia de que há vida ou alma (atmã) em todas as coisas. Atualmente, ainda que em número reduzido, os praticantes dessa doutrina, que defendia um aprofundamento dos principais valores hindus de respeito à vida e à purificação espiritual, tentam igualmente sobreviver às pressões de uma massificação do hinduísmo moderno, mas sem constituir movimentos sociais de relevo.

4.6 Cristãos e islâmicos na Índia

Tradicionalmente, afirma-se que São Tomé, discípulo de Jesus, teria ido para a Índia logo no início do movimento cristão. Embora essa ideia seja de difícil comprovação, quando os portugueses chegaram ao país no século XVI, encontraram comunidades cristãs instaladas na região de Kerala, no sudoeste indiano. O cristianismo nunca alcançou, porém, o mesmo nível de difusão do islã. As influências árabes começaram a chegar no século VII e, no século XIII, o Sultanato de Delhi formava o primeiro Estado orientado por uma religião não indiana. Após o Império Mogul, essa influência aumentou ainda mais e, hoje, a Índia conta com quase 180 milhões de islâmicos, que optaram por ficar no país mesmo após a independência, em 1947. Essa imensa comunidade tem as mais diversas orientações: em torno de 80% seguem a linha sunita, com forte influência salafita, ao passo que os 20% restantes são xiitas, em grande parte ligados ao sufismo, que desenvolveu um fértil diálogo com o misticismo indiano.

O cristianismo voltou a crescer após a chegada de missionários ingleses no século XIX, uma vez que o interesse pelas ideias europeias incluía as ciências, a filosofia e a religião, em um fenômeno similar ao de países como China e Japão. Contudo, a grande retomada aconteceu após o estabelecimento das ações de caridade levadas a cabo por Madre Teresa de Calcutá (1910-1997), que estimularam milhares de indianos a converter-se ao catolicismo.

4.7 O hinduísmo em diálogo com o Ocidente

Como indicamos anteriormente, um processo de trocas simbólicas tem norteado o diálogo religioso na contemporaneidade, com apropriações e hibridismos criativos, fomentando novas propostas e discursos (Panikkar, 1990). O contato com as filosofias e as religiosidades ocidentais proporcionou um ambiente para reinterpretações e adaptações, que ajudaram a transformar o hinduísmo dentro e fora da Índia. Na sequência, apresentaremos algumas dessas iniciativas, demonstrando que as religiosidades indianas foram capazes de se projetar para fora de seu ambiente nativo.

Dos pensadores indianos interessados no diálogo entre Índia e Ocidente, **Ramakrishna** (1836-1886) foi um dos maiores expoentes. Devoto fervoroso da deusa Kali, ele era conhecido por seus êxtases religiosos, situação pela qual muitos seguidores passaram a vê-lo como um santo. Todavia, Ramakrishna afirmou-se também islâmico e cristão em ocasiões pontuais, depois de vivenciar transes com meditações sufis e leituras do Novo Testamento. Essas afirmações causaram tanto repúdio quanto admiração entre seus seguidores, tornando-o um guia e inspirador para a convivência multirreligiosa (Ravignant, 1986).

Já o **Brahmo Samaj** foi um importante movimento no processo de independência indiano. Fundado por Ram Mohan Roy (1772-1833) no início do século XIX (em 1828), essa associação religiosa se propunha como reformadora do hinduísmo, buscando transformá-lo em uma religião monoteísta, aos moldes do cristianismo e do islamismo, tendo Brahma (ou Brahmo) como deus único. O movimento se considerava uma assembleia ou uma comunidade multirreligiosa, anticasta e contra o politeísmo. Sua concepção central era aproximar os indianos em uma identidade comum, mediante a unificação devocional (Shattuck, 2008).

Os integrantes do Brahmo Samaj participaram da renascença cultural indiana e trabalharam ativamente no projeto de criar uma nação "Índia", atuando nos mais diversos estados e regiões do país. Com isso, alcançaram um grande número de aderentes. Entretanto, em 1947, a partição da Índia e a renovação do hinduísmo tradicional eclipsaram as propostas do Brahmo Samaj, que passou a ser considerado uma religião não hindu e gradualmente declinou. Hoje, esse movimento está praticamente extinto, embora seu valor histórico seja reconhecido e estudado, representando uma das primeiras iniciativas em conciliar tradições indianas e judaico-cristãs ocidentais.

Outra associação importante, e ainda hoje em pleno funcionamento, é a **Brahma Kumaris**, fundada em 1937 por Lekhraj K. Kirpalani (1876-1969). Apesar de ser baseada em conceitos hindus (como a existência do carma), o objetivo da organização é promover o ensino de valores éticos e de meditação para o aprimoramento pessoal, independentemente de religião. A ênfase em atividades educativas e a abertura ao diálogo intercultural ajudaram a expandir a organização para mais de cem países. A Brahma Kumaris é, igualmente, uma das organizações mais inclusivas da Índia, defendendo um forte discurso contra as castas e contra as discriminações de gênero – de fato, desde o início ela se destacou pelo número majoritário de mulheres em sua administração. Atualmente, a organização luta também por causas ecológicas, por sustentabilidade e por programas de promoção social e cultural.

Um representante notável do hinduísmo no Ocidente é o movimento **Hare Krishna**, que nasceu como um culto devocional à figura de Krishna, avatar do Deus Vishnu e um dos salvadores da Terra em tempos imemoriais. Em torno do século XV, Caitanya Mahaprabhu definiu suas liturgias básicas, como o canto *Hare Krishna* acompanhado de danças e o rito de oferendas alimentares, entre outros itens. O movimento Hare Krishna está perfeitamente inserido no hinduísmo, sendo apenas uma de suas vertentes monolátricas. Na década de 1960, o religioso Abhay Charanaravinda Bhaktivedanta Swami Prabhupada – ou apenas **Srila Prabhupada** (1896-1977) – chegou aos Estados Unidos e lá fundou a Sociedade Internacional para a Consciência de Krishna, que se tornaria a principal organização representante desse movimento no mundo. Em meio à época *hippie*, durante a qual o interesse pelas práticas religiosas indianas cresceu bastante, Prabhupada iniciou um sério trabalho de divulgação dessa doutrina, imprimindo certo caráter proselitista ao movimento, o que era uma novidade em relação às tradições religiosas indianas (com exceção do budismo). Em sua biografia, ele afirma ter sentido a necessidade de adaptar certas questões rituais ao contexto americano, em função de suas diferenças culturais (Goswami, 2014) em relação à Índia. O movimento Hare Krishna alcançou uma grande difusão nos países ocidentais e é considerado uma das imagens mais presentes do hinduísmo em nossa sociedade. Seus adeptos realizaram também um importante trabalho de traduções de obras clássicas indianas, contribuindo substancialmente para o conhecimento da cultura e das filosofias hindus. Hoje, sua sede se mantém na Índia, mas milhares de filiais do movimento podem ser encontradas em quase todos os países da Europa e da América, inclusive no Brasil.

Mais recentemente, surgiram como representantes de novas religiosidades indianas Sathya Sai Baba (1926-2011) e Rajneesh Chandra Mohan Jain, ou Osho (1931-1990), cujas propostas alcançaram notável sucesso no Ocidente.

Sai Baba destacou-se desde a juventude por seus dotes místicos – ele teria realizado inúmeras materializações e curas e diversos milagres. Embora nunca tenha se afastado das principais ideias hindus, Sai Baba promoveu um intenso diálogo inter-religioso, fundamentando suas ações na prática do amor e da caridade, conceitos principais de sua interpretação religiosa (Sai Baba, 1989). O autor construiu uma organização que fundou e mantém escolas, hospitais e obras assistenciais pela Índia. Apesar de só ter viajado uma vez para fora do país (em 1968, ele foi para Uganda e para o Quênia), sua mensagem espalhou-se pelo mundo: hoje, mais de seis milhões de pessoas se declaram adeptas de Sai Baba, promovendo ações de beneficência e filantropia nos mais diversos locais expostos à pobreza e à falta de condições de vida.

Em outro sentido, o guru **Osho** teve uma infância normal (embora afirmasse ter vivenciado experiências místicas nessa fase da vida), seguiu uma formação educacional tradicional e formou-se professor de Filosofia, tendo conhecimento amplo dos pensamentos ocidental e asiático. Em torno da década de 1970, começou seu trabalho de promoção de uma nova espécie de hinduísmo pós-moderno, com inserções de ideias importadas de religiões e de escolas filosóficas ocidentais. Sua ênfase em um "tantrismo" de interpretação própria, conectado ao crescente movimento de liberdade sexual da época, atraiu inúmeros seguidores, tornando-o uma das principais figuras do hinduísmo.

Em 1981, Osho mudou-se para os Estados Unidos, seguindo o caminho de outros mestres indianos, e, ainda que tenha conseguido um sucesso notável, acabou retornando posteriormente à Índia, onde permaneceu até seu falecimento, em 1990. Suas teorias se basearam em um discurso unificador de experiências religiosas, mas sem abandonar os princípios básicos do hinduísmo. Evidentemente, Osho foi bem-sucedido em sua capacidade de dialogar com ideias de outras denominações, apesar das várias críticas a seu modo de reinterpretar as tradições indianas com base na psicologia e nos saberes ocidentais (Osho, 2000). Sua doutrina também ficou estereotipada pelos discursos de liberdades sexual e moral, embora essa acusação possa ser entendida como moralista. As inúmeras controvérsias em torno de sua vida e de sua doutrina acabaram afastando muitos devotos, principalmente depois da década de 1990. Mesmo assim, muitas associações espalhadas pela Europa e pela América continuam a manter suas ideias vivas.

Com base na análise de alguns desses movimentos, podemos notar, por fim, que as religiosidades indianas têm enfrentado uma profunda redefinição de valores e conceitos. Em face do inevitável intercâmbio cultural promovido pela globalização, a afirmação, a sobrevivência e a transformação da cultura tradicional indiana dependem de um exame mais profundo de seus dogmas e de suas crenças, bem como das respostas possíveis a esses desafios, em um chamado à mudança que construirá seu novo perfil no século XXI.

Indicações culturais

Animação

RAMAYANA: a lenda do Príncipe Rama. Direção: Kazuyuki Kobayashi. Japão; Índia, 1992. 170 min. Disponível em: <https://www.youtube.com/watch?v=O6fKLllYaJI>. Acesso em: 19 out. 2020.

O desenho faz uma representação da lenda do Rei Rama, herói e um dos avatares do Deus Vishnu, que volta à Terra para afastar os perigos que rondam seus entes amados e seu país.

Documentários

HISTÓRIA da Índia. Direção: Jeremy Jeffs. Londres: BBC, 2009. 330 min.

Dividido em seis episódios e apresentado por Michael Wood, esse documentário traça um quadro da história e da cultura indianas, dando grande destaque para as religiosidades existentes no país.

HINDUÍSMO. Direção: J. P. Peach. EUA: Europa Filmes do Brasil, 1998. 47 min. (Religiões do Mundo). Disponível em: <https://www.youtube.com/watch?v=nZfGIfUTvAw>. Acesso em: 16 out. 2020.

Hinduísmo é mais um episódio da série *Religiões do Mundo*, que apresenta, com base na visão de especialistas, as mais diversas formas de religiosidade existentes no planeta. Nesse episódio, acompanhamos uma bela introdução histórica sobre a gênese do hinduísmo, suas práticas, suas crenças e sua literatura sagrada. Vários aspectos da vivência dessa religiosidade no mundo moderno são discutidos, de modo a propiciar um quadro sensível e reflexivo sobre a *Sanatana Dharma*.

Síntese

Nesse capítulo, vimos que o hinduísmo é um dos mais antigos sistemas religiosos do mundo, mas tanto a conceituação quanto a sistematização de suas formas e escolas ocorreram em um período recente da história indiana.

Assim, a religião atual testemunha diversos dilemas, como o nascimento de uma versão nacionalista e os conflitos com siques, budistas, islâmicos e cristãos. No entanto, várias versões da religiosidade hindu vêm surgindo no Ocidente, com base em um fértil diálogo intercultural. Esses desafios mostram como as crenças indianas têm procurado se adaptar ao novo contexto globalizado do mundo, sem deixar de lado suas especificidades e suas questões regionais.

Atividades de autoavaliação

1. Sobre o hinduísmo, é correto afirmar:
   a) É um amplo conjunto de crenças politeístas, marcado pela presença de diversos deuses e seitas, pouco estruturadas e sem sistema definido.
   b) É um amplo conjunto de crenças henoteístas, definida por uma estrutura comum de credos fundamentais com origens étnicas.
   c) É uma versão complexa de monoteísmo, que aceita vários deuses e a ideia de reencarnação.
   d) Não é uma religiosidade, mas uma forma filosófica teísta.
   e) Não é uma religiosidade, mas uma forma filosófica politeísta de inspiração judaico-cristã.

2. Com relação aos novos movimentos religiosos indianos, surgidos do diálogo com o Ocidente, é correto afirmar:
   A) Todos buscam preservar uma ideia comum de hinduísmo, mas adaptados às culturas e às interpretações ocidentais.
   B) Todos refutam a cultura ocidental como decadente e pretendem impor o hinduísmo de maneira dogmática.
   C) São indiferentes ao pensamento religioso ocidental, propondo alternativas religiosas inovadoras.
   D) São formas de síntese com o pensamento judaico-cristão, hibridizadas, sem a preocupação de manter suas origens indianas.
   E) São formas inovadoras de hinduísmo, distintas daquelas produzidas na Índia.

3. No que diz respeito ao hinduísmo contemporâneo e sua relação com a sociedade, é correto afirmar:
   A) A estrutura tradicional de castas tem sido reforçada por uma ideia de retorno às antigas tradições.
   B) A estrutura tradicional de castas tem sido contestada por meio de movimentos civis que buscam defender os direitos dos grupos menos favorecidos.
   C) A estrutura de castas foi abolida com a independência indiana e não existe mais nos dias atuais.
   D) As castas nunca existiram socialmente de fato, pois constituem somente uma teoria religiosa.
   E) As castas representam uma revolução nas relações sociais, sendo defendidas como uma saída para a desigualdade econômica.

4. Sobre o budismo na Índia de hoje, é correto afirmar:
   A] O budismo foi bem-sucedido e hoje é uma das maiores religiões indianas.
   B] O budismo praticamente desapareceu, sendo proibido nos dias de hoje.
   C] O budismo se mesclou a outras religiões não indianas para sobreviver.
   D] O budismo, embora não predominante, encontrou uma revitalização com as ações civil-religiosas de Ambedkar.
   E] O budismo se associou ao islamismo para enfrentar o hinduísmo.

5. Sobre a presença do cristianismo e do islamismo na Índia, é correto afirmar:
   A] O primeiro nunca alcançou grande expressão no país, enquanto o segundo atingiu um patamar desafiador em relação à religião hindu.
   B] O primeiro nunca alcançou grande expressão no país, assim como o segundo nunca chegou a desafiar o hinduísmo.
   C] O primeiro alcançou grande expressão desde a Antiguidade, ao passo que o segundo nunca teve importância dentro da Índia.
   D] O primeiro, assim o como o segundo, alcançou expressões poderosas na sociedade indiana, deixando o hinduísmo em segundo lugar.
   E] Ambos encontraram formas de convivência harmoniosa com o hinduísmo, criando uma história pacífica de tolerância.

Atividades de aprendizagem

Questões para reflexão

1. Depois de assistir à animação *Ramayana*, sugerida na seção "Indicações culturais", reflita sobre as seguintes questões:
   A) Como a utilização de recursos midiáticos modernos, como o referido desenho animado, pode contribuir para a manutenção de mitos antigos?
   B) Em que medida os valores morais e as virtudes, contemplados na animação, expressam os ideais de sociedade, religião e fé do hinduísmo atual?

2. Depois de assistir aos documentários indicados na seção "Indicações culturais" deste capítulo, reflita sobre os seguintes aspectos, registrando posteriormente suas respostas:
   A) Como o hinduísmo moderno está conectado a seu passado?
   B) Como ele é reinterpretado na contemporaneidade?
   C) Que elementos discutidos neste capítulo você visualizou nas produções indicadas?

Atividade aplicada: prática

1. Em 2012, a exposição *Índia: lado a lado – arte contemporânea indiana* percorreu várias cidades brasileiras, apresentando uma série de obras de arte produzidas por artistas indianos contemporâneos. Consulte o catálogo da exposição, que está liberado para download no site do Centro Cultural do Banco do Brasil, e verifique se você consegue identificar em algumas das peças apresentadas traços ou símbolos da religiosidade hinduísta.

   ÍNDIA: lado a lado – arte contemporânea indiana. Concepção e coordenação geral de Pieter Tjabbes, Tânia Mills e Sandra Klinger. Tradução de Armando Olivetti, Isabel Murat Burbridge e John Norman. São Paulo: Art Unlimited, 2012. 2 v. Catálogo. Disponível em: <https://www.bb.com.br/docs/pub/inst/dwn/CatalogoIndia.pdf>. Acesso em: 23 out. 2020.

RELIGIOSIDADES NO SUDESTE ASIÁTICO

A região que compreende o Sudeste Asiático estende-se da península da Indochina às ilhas das Filipinas, da Indonésia e da Malásia, abrangendo um vasto território habitado por grande diversidade étnica. Diante do neocolonialismo europeu no século XIX, as trajetórias históricas da região iriam mudar radicalmente, constituindo um quadro político e cultural bastante complexo.

Marcadas por fortes movimentos de resistência no período do imperialismo, as civilizações do Sudeste Asiático tinham tradições religiosas milenares bastante desenvolvidas, que agora enfrentam os dilemas do mundo contemporâneo apresentando suas próprias propostas e inovações. Neste capítulo, realizaremos uma análise desse quadro de acordo com suas diversas realidades e especificidades, buscando mostrar sua riqueza e variabilidade.

5.1 Indochina

A Península Indochinesa é composta, atualmente, pelas seguintes nações: Vietnã, Laos, Mianmar, Camboja, Tailândia, Singapura e parte da Malásia. Essas divisões correspondem, de certa forma, às delimitações étnicas e regionais entre os povos que habitam o espaço, constituindo uma geografia razoavelmente equilibrada. Na segunda metade do século XIX, França e Inglaterra iniciaram o processo de dominação da península, incorporando-a a seus impérios coloniais.

> **IMPORTANTE!**
>
> Após a Segunda Guerra Mundial, no entanto, a área se tornou rapidamente palco de diversos conflitos pós-coloniais, sendo uma das maiores áreas de atrito da Guerra Fria. Não somente a Inglaterra e a França, mas também os Estados Unidos, a União Soviética e a China disputavam o predomínio sobre a região. A Guerra do Vietnã foi o conflito central que definiu os movimentos políticos e culturais na Indochina, influenciando decisivamente sua organização. A libertação do Vietnã dos franceses (de 1946 a 1954) e, depois, o subsequente conflito com a intervenção norte-americana (de 1964 a 1975) levaram o país a assumir uma espécie de liderança autônoma regional, equilibrada pela coexistência com os outros países (Visentini, 2007). Desde então, pequenos conflitos pontuaram a trajetória histórica contemporânea da Indochina, projetando-se diretamente nas questões religiosas.

A presença de influências indianas e chinesas junto com as culturais locais propiciou um panorama rico de trocas e hibridizações. Essa região foi fortemente influenciada pela linha budista teravada (ou *hinayana*, "pequeno veículo"), que defendia uma variação ortodoxa da doutrina (Smith; Novak, 2006). O núcleo das tradições teravadas baseava-se numa preocupação com o aspecto de libertação espiritual proposto por Buda, diferentemente das ideias sincréticas e salvacionistas aceitas pela linha *mahayana* ("grande veículo").

Essa forma de budismo privilegia um esforço no estudo e na meditação, em detrimento da importância conferida às crenças em divindades e em seus ritos. Ela também aceita, como os outros grupos budistas, os quatro pilares e o caminho óctuplo, mas defende a orientação dada por sucessivos mestres, cuja experiência é fundamental nas práticas de consciência que levam ao nirvana. Essas ideias situam as tradições teravadas como alternativas ao *mahayana*;

porém, gradualmente, as vivências religiosas e folclóricas locais modificaram o perfil das expressões budistas, constituindo formas inovadoras e diferenciadas em cada país (Hansen, 2014).

No **Vietnã**, as tradições budistas eram majoritárias entre a população, equilibrando as influências teravadas e *mahayanas*. Havia uma menor influência do daoísmo vindo da China, e o confucionismo também era conhecido como doutrina política dos reinos vietnamitas (Tarling, 1999). Depois do século XVI, a presença sazonal dos portugueses levou o cristianismo à região, e a chegada dos franceses renovou a presença do catolicismo no país, crença que acabou tornando-se uma religiosidade ligada às classes altas e médias ocidentalizadas.

Após a divisão do país em 1956, o presidente do Vietnã do Sul, Ngo Dinh Diem – católico devotado, anticomunista ferrenho e de características autoritárias –, lançou uma desastrosa campanha de repressão contra a insurgência vietcongue, que pretendia a reunificação vietnamita. Diem entendeu que os budistas, de certa forma, apoiavam os comunistas e passou a reprimir duramente templos, escolas e grupos religiosos. Em protesto, monges budistas, como Thich Quang Duc, em 1963, imolaram-se publicamente, denunciando a violência do regime. Dessa forma, Diem foi deposto e executado, sendo substituído no poder por generais do exército.

Os protestos budistas caracterizaram uma ação política nova no contexto da Guerra Fria; até então, os membros dessa religiosidade eram considerados pacíficos e cordatos, submissos ao poder do governo. A Guerra do Vietnã acabou por reunificar o país, instituindo um Estado de características laicas e ateu. Contudo, não ocorreu no país uma política de controle tão evidente quanto na China, havendo uma relativa liberdade religiosa. Apesar de 80% da população definir-se como "sem religião", existem grupos significativos que se afirmam budistas e católicos, mostrando uma reavivamento do interesse pelas questões teológicas e devocionais.

O Vietnã produziu duas experiências religiosas singulares, a Hoa Hao e a Cao Dai (Hoskins, 2012; Ho Tai, 1983;). A **Hoa Hao** foi fundada em 1939 por Huynh Phu So (1920-1947), jovem místico que realizava curas e tinha visões espirituais e criou uma versão própria dos ensinamentos budistas. O budismo dessa vertente propunha que o acesso à salvação estaria nas mãos das pessoas mais simples – no caso, principalmente os camponeses – e que o trabalho pesado, junto com o estudo e a devoção no ambiente familiar, traria a evolução espiritual e as bênçãos de Buda. A Hoa Hao alcançou grande sucesso nas comunidades budistas no campo, tornando-se majoritária na década de 1930. Huynh liderou uma resistência armada contra os japoneses durante a Segunda Guerra Mundial e, depois, contra os comunistas, que o capturaram e o executaram em 1947. Esse fato criou grandes dificuldades para a continuidade da Hoa Hao, após a ascensão comunista e a reunificação do país. Atualmente, a Hoa Hao é reconhecida como uma agremiação budista pelo governo vietnamita, mas com pouca expressão. Comunidades dessa ordem existem entre os refugiados vietnamitas que vivem na Europa e nos Estados Unidos.

Já a **Cao Dai** ("Morada Sublime" ou "Altar") é uma religião sincrética, que funde elementos do daoísmo, do confucionismo e do espiritismo francês (Oliver, 1976). Ela foi criada em 1926 por Ngo Van Chieu, funcionário colonial que participava regularmente de reuniões mediúnicas. Em uma delas, Deus – Duc Cao Dai ("O Senhor do Alto") – o teria incumbido de criar uma nova religião que unificaria todas as outras. A Cao Dai surgiu então como um culto monoteísta, que admite a reencarnação e a ideia de carma. Gradualmente, ela se organizou nos moldes budistas e católicos, construindo uma rede de igrejas e de templos e adotando algumas de suas crenças, como é o caso dos santos e dos profetas. A Cao Dai admite como profetas algumas figuras históricas tradicionais, como Jesus, Buda e Confúcio, e também reconhece Victor Hugo,

Joana D'Arc e Shakespeare como espíritos evoluídos que vieram ao planeta libertar os seres da ignorância.

FIGURA 5.1 – Cerimônia da Cao Dai

IMPORTANTE!

A Cao Dai atuou na resistência contra japoneses, franceses, americanos e comunistas, mas acabou proibida pelo governo em 1975. Sua sobrevivência se deveu, em grande parte, à clandestinidade e aos vietnamitas exilados. Entretanto, em 1997, com o reconhecimento oficial, a Cao Dai voltou a crescer e parece ter assegurado que vai sobreviver pelos próximos anos.

O **Laos** e o **Camboja** vivenciaram casos semelhantes ao do Vietnã. Ambos os países conheceram uma maioria absoluta do budismo teravada – no Camboja, aliás, encontram-se as ruínas de Angkor Wat, templo construído no século XII na capital do Império Khmer (de 802 a 1431), que impôs seu domínio sobre a Península Indochinesa durante séculos e cuja arquitetura é formada por elementos das estéticas hinduísta e budista (Tarling, 1999).

Os dois países também passaram pela experiência do domínio francês, que se encerrou a reboque do final da Segunda Guerra Mundial e dos conflitos no Vietnã. A presença colonial foi substituída pelos regimes comunistas, que impuseram uma severa perseguição às denominações religiosas. No Camboja, Pol Pot (1925-1998) liderou uma repressão severa e violenta contra a própria sociedade, perseguindo as comunidades budistas como adversárias do regime vigente (Owen, 2014). Em 1993, o fim do comunismo permitiu uma retomada das práticas religiosas, e o budismo teravada voltou a se expandir rapidamente, tanto como crença quanto como um veículo promotor da reconciliação nacional. O Laos observa fenômeno similar, mas com uma variação importante: em torno de 30% da população informa pertencer a cultos xamânicos nativos, o que representa a retomada dessas ideias como um fator de identificação nacional.

Mianmar (ex-Birmânia) experimentou uma situação diferente: foi colonizada pelo Império Britânico e alcançou a independência em 1948. O país contava com uma vida política conturbada, marcada por regimes políticos autoritários, um fenômeno semelhante ao de outras ditaduras militares nas décadas de 1960 e 1970. Nessa trajetória, a predominância do budismo teravada se manteve inalterada, alcançando nove em cada dez habitantes do país. A fé búdica se tornou parte da identidade cultural de Mianmar, e isso tem proporcionado alguns conflitos sociais importantes nos últimos anos.

Recentemente, nos anos de 2015 e 2017, movimentos nacionalistas budistas promoveram uma grande campanha pública contra a minoria roinja, povo ligado à etnia bengali, que habita a costa oeste de Mianmar e pratica o islamismo. Por um lado, o Grupo 969, liderado pelo monge Ashin Wirathu, pretende assegurar a preservação étnica, cultural e religiosa de Mianmar contra o que considera uma presença invasiva dos roinjas. Por outro, reforça a ligação entre o Estado e a religiosidade majoritária no país. Nesse período, o exército de Mianmar foi acusado de atacar e reprimir duramente os roinjas. Por conseguinte, ondas de refugiados se deslocaram em direção a Bangladesh e a outros países do Sudeste Asiático (Lowenstein, 2015). Aung San Suu Kyi, uma das principais lideranças políticas no país, budista e ganhadora do Prêmio Nobel da Paz em 1991 por sua luta contra o regime autoritário em Mianmar, foi muito criticada por praticamente não interferir na perseguição a essa minoria, mostrando que a questão é mais profunda e complicada do que aparenta (Griffiths, 2016). O caso de Mianmar mostra uma reação anti-islâmica importante: até então, parecia que a principal oposição ao mundo muçulmano viria do Ocidente, mas o caso da Índia (que vimos no capítulo anterior) e o de Mianmar revelam que esse choque cultural e religioso se ampliou em várias direções.

A **Tailândia** representa um caso ainda mais diverso. O país nunca foi dominado por potências estrangeiras e conseguiu preservar sua liberdade ao longo dos séculos XIX e XX. Portugueses, franceses e ingleses atuaram junto aos governos do país, mas nunca conseguiram interferir efetivamente nos planos político e cultural. Essa situação favoreceu um clima de grande tolerância religiosa, expressa pelo respeito e pela liberdade de culto existentes no país. Embora a população seja de maioria budista teravada, religiosidades como o catolicismo, o protestantismo e o islamismo encontraram uma acolhida pacífica, apesar de não alcançarem números expressivos de adeptos. Um exemplo disso é a Igreja da Imaculada Conceição, em Bangcoc. Fundada em 1674 pela comunidade portuguesa, ela funciona ininterruptamente desde então e encontra-se preservada até os dias de hoje. A Tailândia é, também, um dos países nos quais mais cresce a Yiguandao, forma de religiosidade chinesa nascida no século XX, que resgata uma série de tradições milenares do confucionismo, do budismo e do daoísmo e que descreveremos no próximo capítulo, ao discutirmos a religiosidade na China contemporânea (Yusheng, 2015).

Por fim, **Singapura** representa um porto seguro para a diversidade religiosa na Ásia. O Império Britânico reuniu as mais diversas etnias – chineses, indianos, malaios, árabes e europeus – nessa ex-colônia, que se tornou independente em 1965. O país já nasceu plural em sua variedade cultural e religiosa (Pearce, 2009). Desde 1969, o general Lee Kuan Yee empreendeu uma reforma política com características autoritárias, que conduziu o país a um eficiente crescimento econômico em detrimento de liberdades individuais mais amplas. A ênfase na educação e na construção de um projeto de nação foi marcante ao longo de seu governo.

IMPORTANTE!

Lee Kuan Yee (1925-2015) governou Singapura de 1959 até 1990. Advogando um novo confucionismo de Estado, a educação em Singapura promoveu valores éticos, culturais e familiares de orientação confucionista, buscando estabelecer ideias de ordem e de compromisso social (Chwee, 1989). Ao mesmo tempo, enfatizou o papel do governo na garantia da diversidade cultural e da liberdade religiosa, permitindo a criação de um ambiente aberto à convivência das congregações.

O modelo adotado por Yee foi bem-sucedido, conseguindo fomentar o surgimento de uma identidade cultural multiétnica em Singapura. No âmbito religioso, budistas, hinduístas, cristãos e islâmicos convivem em harmonia, em proporções numéricas bem equilibradas.

5.2 Malásia e Indonésia

Malásia e Indonésia são nações multiétnicas cuja característica fundamental é a estrutura geográfica formada por arquipélagos. A história de ambas, contudo, guarda algumas diferenças importantes (Owen, 2014).

A **Malásia** tem uma história milenar, mas seus contornos atuais surgiram durante o Império Majapahit (de 1293 a 1527), profundamente influenciado pela cultura indiana e promotor do hinduísmo e do budismo teravada (Tarling, 1999). Todavia, o país é rico em tradições interculturais: um livro intitulado *Hikayat Merong Mahawangsa* (*Crônicas de Merong Mahawangsa*), por exemplo, narra a mítica história do Rei Merong, fundador do Reino de Langkasuka (século II-III/ E.C.), um dos protoestados malaios. Merong seria descendente de Alexandre Magno, o conquistador macedônico, e teria estabelecido contatos intensos com a Índia, a China e o Império Romano. Embora esses eventos servissem a um propósito literário, é fato que o arquipélago malaio desenvolveu intensos contatos comerciais e culturais desde a época dos grandes impérios antigos (Jacq-Hergoualc'h, 2002).

Ao longo do século XII, no entanto, a presença islâmica se tornou cada vez maior – a fundação do Sultanato de Quedá em 1136 estabeleceu uma concorrência direta com o Império Majapahit e tornou-se uma base para a expansão dessa fé. É provável que o interesse pelo islã tenha surgido em função de seu discurso inclusivo e igualitário, que cumpria um papel unificador entre etnias distintas. De qualquer modo, quando os portugueses chegaram ao arquipélago, no século XVI, ficaram desagradavelmente surpresos em constatar a expansão notável dos muçulmanos na Ásia.

Foi somente no século XIX que o Império Britânico impôs sua soberania sobre as ilhas malaias; mesmo assim, ela não durou muito e, em 1946, foi criada a Federação Malaia, nação independente cuja maior parte da população professava o islamismo sunita. Uma parcela importante dos habitantes do país (em torno de 30%), formada por chineses e indianos, manteve vivas as tradições do budismo *mahayana* e do hinduísmo. Apesar de a Constituição malaia garantir a tolerância e a diversidade religiosa, ela identifica como malaios, entre algumas condições, aqueles que professam a religião islâmica (Ali, 2014). Mesmo assim, as comunidades não islâmicas são respeitadas, e problemas de âmbito jurídico que envolvem muçulmanos são resolvidos em instâncias religiosas específicas, garantindo que a justiça comum continue a funcionar de forma ampla e irrestrita.

A situação da **Indonésia** foi diferente. Ela vivenciou uma longa fase hindu-budista, tal como aconteceu na Malásia, integrando inclusive o Império Majapahit, e a presença islâmica desenvolveu-se gradativamente depois do século XIV. Entretanto, a soberania estrangeira foi imposta pela Holanda, que dominou o arquipélago e obrigou os portugueses a dividir a ilha de Timor no século XVII. A ação dos colonizadores e dos missionários holandeses, marcada pela intolerância religiosa, pela intransigência cultural e política e por uma severa repressão étnico-social, provocou uma intensa e violenta reação por parte dos indonésios.

Durante a Segunda Guerra Mundial, a população aceitou, de forma geral, a ocupação japonesa e, em 1945, com o fim do conflito, Sukarno (1901-1970), um dos grandes líderes do país, declarou a independência. A Holanda não admitiu a iniciativa, e um conflito sangrento se prolongou por quatro anos até que a autonomia indonésia foi reconhecida. Essa situação só aumentou o ressentimento contra a presença cultural europeia e reforçou a construção de uma identidade fortemente vinculada ao islamismo. A filosofia oficial de governo do novo país, a *pancasila*, determinava que a cidadania estivesse vinculada à profissão monoteísta da fé, principalmente muçulmana. Com isso, a Indonésia se tornou a maior nação islâmica do mundo, crença que predomina em quase 90% da população (Ali, 2014). Desde então, seus grandes apoiadores foram a Arábia Saudita e o Paquistão, com quem o país mantém alianças estratégicas e culturais.

IMPORTANTE!

Com exceção da ilha de Bali, que sobreviveu como um enclave hinduísta, e do Timor-Leste, em que o catolicismo e a língua portuguesa se tornaram fatores de resistência contra a invasão indonésia de 1975, a Indonésia manifesta uma postura discricionária em relação à diversidade religiosa, notadamente no que tange a grupos de orientação cristã. Todavia, é necessário refletir sobre o quanto a herança colonial, marcada pela imposição do preconceito e da exclusão, influenciou decisivamente a mentalidade cultural indonésia a respeito de como interpretar o papel das diferenças na construção social e cultural (Owen, 2014).

5.3 Filipinas

As Filipinas constituem um caso à parte em todo o perfil religioso do Sudeste Asiático. No século XVI, os espanhóis conseguiram impor seu domínio efetivo sobre o arquipélago filipino, empregando estratégias similares aos da conquista do continente americano.

Um dos pilares do sistema colonial espanhol era a conversão dos nativos ao catolicismo, que foi extremamente bem-sucedido no caso das Filipinas. Ainda que restem vestígios das tradições indígenas, o país é majoritariamente cristão – 92% da população, sendo 80% católica.

Os laços entre os filipinos e o catolicismo são profundos. Em 1898, a Espanha entrou em guerra contra os Estados Unidos, e um dos efeitos dessa contenda foi a perda da colônia para os americanos. Seguiu-se um período de violento conflito, conhecido como *Guerra Filipino-Americana* (1899), que sufocou as iniciativas de independência do país. O domínio norte-americano foi marcado por graves tensões sociais e culturais, incluindo a tentativa de esvaziar a presença e o poder do catolicismo perante o povo. Como outras regiões asiáticas, as Filipinas passaram pelo domínio japonês (de 1942 a 1945) e obtiveram a independência em um processo pacífico em 1946 (Francia, 2014). Os filipinos acabaram adotando o inglês como um de seus idiomas nacionais e compuseram uma aliança estratégica com os americanos no contexto asiático. Mesmo assim, mantiveram-se profundamente vinculados à Igreja Católica, permanecendo pouco receptivos às congregações protestantes.

As Filipinas e o Timor-Leste representam as únicas nações asiáticas onde o cristianismo católico prosperou e hoje prepondera, em um contexto diferente do restante da região. Um dos motivos apontados para o sucesso desses projetos é, possivelmente, a sensibilidade das comunidades nativas à presença missionária espanhola. As Filipinas não eram densamente povoadas, e suas populações não conseguiram oferecer uma resistência sistemática às organizações religiosas que se deslocaram para o país. A presença muçulmana, atestada desde o século XV, não conseguiu desenvolver-se nem fazer frente à investida católica e continua constituindo uma minoria no país.

INDICAÇÕES CULTURAIS

Documentários

200 ANOS de Cingapura. Direção: Alex Lay e Tim Lambert. EUA: Discovery Channel, 2005. 240 min.

Nesse filme, a história de Singapura é apresentada em suas diversas facetas. O país passou por dificuldades políticas, econômicas e sociais, mas construiu-se como uma nação emergente e bem-sucedida. A produção destaca o aspecto plural da cultura singapuriana.

DUELO de impérios: a guerra pela Ásia. Direção: Yusry Abd Halim. Malásia, 2011. 109 min.

A produção apresenta uma versão romanceada das *Crônicas malaias*. No filme, romanos e chineses tentam firmar uma aliança, que só será salva pela intervenção predestinada de Merong Mahawangsa, descendente de Alexandre Magno e fundador do Reino de Langkasuka.

TIMOR Lorosae: o massacre que o mundo não viu. Direção: Lucélia Santos. Brasil: Nhock Produções, 2002. 80 min.

Esse documentário foi um dos primeiros materiais produzidos sobre a história e a cultura do Timor-Leste após sua independência, ocorrida em 2002.

Livros

HANH, T. N. **Vietnã**: flor de lótus em mar de fogo. Rio de Janeiro: Paz e Terra, 1968.

HANH, T. N. **Príncipe dragão**: histórias e lendas de um Vietnã desconhecido. Rio de Janeiro: Paz e Terra, 1968.

Thich Nhat Hanh é um autor profícuo, que publicou vários títulos sobre a fé budista e a meditação. No primeiro livro indicado, ele comenta a situação política e religiosa do Vietnã no período da guerra contra os Estados Unidos. No segundo, é apresentada uma coletânea única, em língua portuguesa, sobre as tradições e histórias da terra natal de Hanh.

Síntese

Neste capítulo, observamos como o Sudeste Asiático se transformou, ao longo da história, em uma região de importantes influxos religiosos. Fortemente influenciados pelo budismo, os países da Península Indochinesa viram surgir cultos nativos, inspirados por tradições locais e pelo contato com as religiões cristã e islâmica.

Nesse sentido, Malásia e Indonésia representam uma expansão longínqua e original da religiosidade islâmica, ao passo que Singapura – por ser uma encruzilhada geográfica que abriga várias etnias – tornou-se um modelo de tolerância e de integração étnica e religiosa.

Atividades de autoavaliação

1. Conforme visto neste capítulo, a Tailândia, o Laos e o Camboja abrigam uma maioria:
   a] budista, da linha *mahayana*.
   b] budista, da linha teravada.
   c] islâmica, da linha sunita.
   d] budista, da linha *vajrayana*.
   e] islâmica, da linha xiita.

2. Assinale a alternativa que apresenta o aspecto ligado ao crescimento do islã na Indonésia, principalmente no século XX:
   a] O movimento de resistência à presença holandesa, que impôs um domínio excludente sobre os povos da região.
   b] A liberdade religiosa defendida pelos colonizadores europeus.
   c] A ameaça representada pelo budismo vindo da Indochina.
   d] A Indonésia sempre foi islâmica e não conheceu outras tradições religiosas.
   e] O budismo foi o principal representante religioso da Indonésia no século XX.

3. Sobre a presença cristã no Sudeste Asiático, é correto afirmar:
   A] Ela constitui praticamente uma exceção, estando presente em especial nas Filipinas e no Timor-Leste.
   B] Ela está amplamente difundida e presente em comunidades espalhadas pela Indochina e pela Malásia.
   C] Ela divide espaços importantes com o budismo e o hinduísmo na Tailândia, no Vietnã e na Indonésia.
   D] Ela é inexistente.
   E] Ela está circunscrita a comunidades chinesas cristãs fugidas da China.

4. Como se caracteriza a Cao Dai?
   A] Como uma antiga religiosidade, construída com base em influências asiáticas e islâmicas.
   B] Como uma nova religiosidade sincrética, nascida do contato de religiões orientais e ocidentais.
   C] Como uma variação vietnamita da religião budista.
   D] Como uma religião vietnamita nativa e ancestral, de origens desconhecidas.
   E] Como uma religião estrangeira chinesa, que se instalou no Vietnã.

5. Quanto à situação religiosa no Camboja, é correto afirmar:
   A] Ela se manteve estável ao longo de toda a história, sem interrupções, sendo marcada pela forte presença islâmica.
   B] Ela se manteve estável ao longo de toda a história, sem interrupções, sendo marcada pela forte presença budista.
   C] Ela foi marcada pelo islã e sofreu com a perseguição no período comunista de governo, mas retornou com força recentemente.
   D] Ela foi marcada pelo budismo e sofreu com a perseguição no período comunista de governo, mas retornou com força recentemente.
   E] Ela foi marcada pela presença cristã e tem uma singularidade em relação ao budismo que predomina no país.

Atividades de aprendizagem

Questões para reflexão

1. Depois de assistir aos documentários *200 anos de Cingapura* e *Duelo de impérios: a guerra pela Ásia*, recomendados na seção "Indicações culturais" deste capítulo, reflita sobre os aspectos das religiosidades do Sudeste Asiático destacados nos filmes e contemplados neste livro e registre suas impressões.

2. Com base nos documentários indicados, como o impacto da presença europeia na Ásia influenciou a formação do imaginário dessa região?

Atividade aplicada: prática

1. Um comercial tailandês intitulado *A lei do retorno* alcançou bastante sucesso na internet por contar uma história de como o altruísmo e a prática do bem trazem um retorno saudável, necessário e feliz para o mundo. Assista ao comercial e indique algum traço marcante da religiosidade budista, tão presente no Sudeste Asiático.

   CARIDADE: A lei do retorno. Tailândia. Comercial. Disponível em: <https://www.youtube.com/watch?v=lDoM-OOAB2w>. Acesso em: 26 out. 2020.

RELIGIOSIDADES NA CHINA CONTEMPORÂNEA

Compreender o papel da China no cenário das religiões contemporâneas é indispensável. Além de ser o país mais populoso do mundo, ela está a caminho de retomar seu posto como a maior economia do planeta – posição que manteve durante um milênio, até o início do século XIX (Maddison, 2006). As dimensões hiperbólicas dessa civilização são capazes de movimentar o equilíbrio do sistema mundial, e com isso ela se torna palco de uma disputa aberta entre as mais diversas denominações religiosas, que buscam preponderância numérica e política no quadro social do país.

6.1 O contexto chinês

A cultura chinesa vivenciou uma duradoura experiência religiosa baseada no cruzamento de crenças nativas com a presença de cultos estrangeiros. Nesse sentido, o Estado chinês sempre procurou manter o monopólio das questões relacionadas ao pensamento religioso, regulando a existência dos mais diversos cultos sob uma lei estatal. Essa tradição está ligada às origens da própria civilização chinesa. Nos mais antigos registros históricos, como o *Liji*, o *Livro dos rituais* – século VI A.E.C. –, os ritos, os sacrifícios e os oráculos estavam intimamente associados à prática do governo desde o século XVIII A.E.C. (Vandermeersch, 1980).

Nesse contexto, muitas das cerimônias eram atributos de oficiais e de nobres, e o calendário anual era definido em uma celebração imperial (Bueno, 2013b). Esse antigo conjunto de crenças religiosas foi denominado *Shenjiao* ("Ensinamentos dos Espíritos"), e permanece vivo na sociedade atual (Feuchtwang, 1999). Foi somente no século VI A.E.C. que o surgimento de escolas filosóficas como o daoísmo e o confucionismo impôs uma revisão dos parâmetros culturais antigos (Adler, 2002; Poceski, 2013).

O confucionismo tornou-se uma importante doutrina ética e política, que, durante a Dinastia Han, de 206 A.E.C. a 221 E.C., foi alçada à condição de teoria oficial de governo, dominando a formação do corpo burocrático e do programa educacional chinês (Cheng, 1985). No entanto, o confucionismo nunca defendeu crenças metafísicas específicas nem mesmo propunha uma explicação para questões como a vida após a morte ou as origens cosmogônicas do Universo. De fato, ele sempre esteve mais próximo de uma escola filosófica do que de uma seita ou de um culto. Já o daoísmo gradualmente se aproximou das crenças populares, transformando-se em uma nova religião. No final da Dinastia Han, o daoísmo incluía um amplo, diverso e bem organizado conjunto de ritos, especulações metafísicas, conceitos como os de reencarnação e de mediunidade, magia e politeísmo (Kohn, 2000), cujo perfil estrutural seria análogo ao do hinduísmo ou ao do candomblé.

A chegada do budismo, principalmente após a Dinastia Han, diversificou esse panorama e constituiu-se em uma nova força religiosa que imprimiu marcas profundas nas crenças chinesas. Essa filosofia alcançou grande sucesso na China, que se tornou a maior nação budista do mundo (em termos numéricos), apesar de alguns conflitos que permearam sua instalação (Bueno, 2013a; Zurcher, 2007). Por um lado, os budistas ofereceram novas teorias metafísicas que enriqueceram as discussões filosóficas chinesas; por outro, transformaram sua filosofia em uma religiosidade de grande apelo popular, graças a suas perspectivas otimistas sobre a vida futura e a reencarnação.

Desde o período Tang (de 618 a 906 E.C.), um grande afluxo de comunidades religiosas se dirigiu para a China, em grande parte em razão do regime de tolerância que o Império criara para a convivência das crenças. Cristãos, judeus, islâmicos, masdeístas e maniqueus, entre adeptos de muitas outras religiões, migraram para o país, encontrando um ambiente aberto para seu crescimento (Liu, 1988, 1998, 2010). Entretanto, o budismo e o daoísmo se consolidaram como as principais correntes religiosas, e o confucionismo seguiu como doutrina de Estado.

Esse ambiente só se modificou, de forma mais profunda, com a nova onda de missionários cristãos que aportaram na China a partir do século XVI. Uma série de conflitos se estabeleceu motivada pela intenção dos cristãos de interferir na vida política e cultural chinesa (Gernet, 1989). Apesar de um relativo sucesso com as conversões jesuítas – que marcaram o início de um estudo mais sistemático sobre a China –, as últimas dinastias – Ming (de 1368 a 1644) e Qing (de 1644 a 1912) – foram reticentes quanto à instalação dos cristãos no país. A revolta Taiping (de 1851 a 1864), cujo líder afirmava ser irmão de Jesus, parecia confirmar, para os governantes locais, que a religião cristã seria perniciosa para a sobrevivência da cultura chinesa (Spence, 1998).

O início da República, em 1912, assistiu a um esforço de renascimento cultural autóctone, mas que foi em breve suplantado pelo desejo de rápida modernização aos moldes ocidentais. A ascensão do comunismo na China continental em 1949 e a fuga dos republicanos para Taiwan marcaram um novo momento de desenvolvimento das religiões para a civilização chinesa na contemporaneidade (Shaw, 1979). Na sequência, examinaremos esses movimentos no contexto atual.

6.2 Estado laico e controle religioso na China continental

Desde 1949, com o estabelecimento do regime comunista, a relação com as comunidades religiosas se tornou objeto de atenção por parte do Estado chinês. Como vimos, essa relação não era nova na tradição política do país, mas aprofundou-se com a ascensão do Partido Comunista Chinês, liderado por Mao Zedong (1893-1976), cuja orientação era laica e ateísta. Assim, os grupos religiosos passaram a receber uma atenção direta, sendo fiscalizados em suas organizações e em suas atividades (Xinping, 2014).

A preocupação dos líderes do Partido Comunista Chinês era com as possíveis ingerências das religiões na vida política do novo regime. Eles não aceitavam, por exemplo, que a Igreja Católica existisse no país sendo administrada por um Estado estrangeiro (o Vaticano) ou que grandes grupos budistas fossem dirigidos pelas orientações dos tibetanos. Havia, igualmente, o temor de que as mensagens religiosas fossem de encontro ao discurso governamental, criando possíveis dissidências ou oposições. Por essa razão, desde 1954, quando foi proclamada a primeira Constituição chinesa continental, até 1982, quando foi adotada a Constituição vigente, dois elementos fundamentais se assentam no discurso político governamental: os grupos religiosos estão sob a supervisão do Estado, e qualquer cidadão tem liberdade de crença, desde que esse culto não interfira nas leis civis.

> Artigo 36º
>
> Os cidadãos da República Popular da China dispõem de liberdade religiosa.
>
> Nenhum órgão estatal, organização social ou indivíduo pode obrigar os cidadãos a acreditar ou não em uma religião, e não pode discriminar os cidadãos que acreditam em uma religião ou os cidadãos que não acreditam em uma religião. O Estado protege

as atividades religiosas normais. Ninguém pode usar uma religião para se envolver em atividades que perturbem a ordem pública, ponham em risco a saúde dos cidadãos ou interfiram no sistema educacional nacional. Grupos religiosos e assuntos religiosos não estão sujeitos a quaisquer controles por forças estrangeiras. (China, 1982, tradução nossa)

Podemos notar que esses itens estão diretamente ligados aos problemas de relacionamento entre o Estado e os grupos religiosos, com variações importantes. Para isso, torna-se indispensável fazer uma análise de cada caso.

6.3 O maior país budista do mundo

A China é, em termos numéricos, o maior país budista do mundo, com aproximadamente 650 milhões de praticantes declarados. É difícil saber se esse quantitativo é exato: 60% da população se declara ateia, e a grande maioria dos chineses, por questões tradicionais, não vê problema em afirmar que pratica concomitantemente duas ou mais crenças. Os aspectos estatísticos são, portanto, complexos e pouco nítidos, e o controle do governo se dirige diretamente às associações e às instituições religiosas. Além disso, o budismo teve uma acolhida histórica intensa e profunda, transformando-se em um dos grandes pilares sapienciais da mentalidade chinesa.

O budismo que encontramos na China é uma produção cultural autóctone, cujas influências indianas e mediterrânicas (Bueno, 2015b) foram traduzidas pelo contexto tradicional. Isso proporcionou o surgimento de interpretações originais das crenças budistas, fomentando a existência de várias escolas diferentes.

As tradições budistas chinesas preservam uma orientação derivada da corrente *mahayana* ("grande veículo"), segundo a qual a aceitação dessa filosofia dependia do diálogo cultural com as civilizações que a recebiam, configurando-se um amplo e diversificado processo envolvendo sincretismo, hibridismos e criações filosóficas e estéticas. Assim, o budismo chinês considera fundamental a teoria da reencarnação como condição para a evolução moral e espiritual que implica a anulação das dívidas espirituais do indivíduo – o carma indiano, ou, em chinês, *Yile* ou *Yinguo*. Os conceitos básicos do budismo original – as quatro nobres verdades e o caminho óctuplo – estão presente em todas essas variantes. As interpretações para esse sistema, porém, são as mais diversas possíveis.

IMPORTANTE!

Há **quatro nobres verdades** que teriam sido reveladas por Buda:

1. Tudo é sofrimento.
2. O sofrimento nasce do desejo.
3. Cessando o desejo, cessa o sofrimento.
4. O caminho para cessar o sofrimento é o caminho óctuplo.

O **caminho óctuplo** consiste em: entendimento correto; pensamento correto; linguagem correta; ação correta; modo de vida correto; esforço correto; atenção plena correta; concentração correta (Buda, [S.d.]).

Há linhas de budismo devocional que incorporaram todas as deidades da religião tradicional chinesa, aceitando a existência de paraísos celestiais e infernos e mantendo um complexo sistema ritualístico que envolve inúmeras cerimônias e crenças e uma rica literatura teológica e filosófica. Em contraposição a essa ideia, surgiu, em torno do século VII, o chamado *budismo Chan* – popularizado em sua versão japonesa, *Zen*, que veremos no Capítulo 7, sobre o Japão –, que privilegiava um processo de iluminação pessoal baseado diretamente na meditação, abandonando especulações metafísicas mais profundas (Hershock, 2005).

O *Chan* investiu em um sofisticado sistema de filosofia da mente, com métodos de domínio do pensamento e elaboradas interpretações psicológicas. Em alguns casos, a escola *Chan* é entendida como quase ateística, despreocupada com a existência de divindades ou com questões de origem cosmogônica. A oposição entre o *Chan* e os outros tipos de budismo é tanta que, em alguns casos, é possível questionar se o budismo constituiria de fato uma religião ou se seria uma filosofia de características religiosas.

No século V, houve ainda o aparecimento do budismo marcial do Mosteiro de Shaolin, que se destacou como uma forma nova de aprimoramento pessoal por meio da disciplina guerreira – embora somente depois do século XVIII a disciplina Shaolin tenha se popularizado no imaginário chinês (Shahar, 2011).

Uma extensa rede de templos budistas se espalhou pela China, sobrevivendo de forma variável ao longo da história. No início do século XX, muitos deles sofreram ataques diversos e foram então fechados ou destruídos. Os budistas passaram por perseguições pontuais, sendo ocasionalmente acusados de estarem envolvidos com republicanos chineses ou invasores japoneses. O budismo persistiu, porém, na população. Com a vitória do regime comunista na China continental, ele ficou sujeito ao controle do Estado, como vimos anteriormente.

A partir desse momento, a situação dos grupos budistas variou bastante. Houve um grande movimento de reconstrução e de preservação dos monumentos e dos templos, e as associações religiosas ficaram sob o controle do Partido Comunista Chinês. No período da Revolução Cultural (de 1966 a 1969), muitos templos foram atacados e depredados pelos chamados *guardas vermelhos*, grupos paramilitares de jovens que agiam sob a inspiração de Mao Zedong e que queriam construir uma "nova China socialista". Após esse período conturbado, novamente o budismo voltou a observar um importante crescimento, principalmente com o resgate histórico de seus monumentos e de suas tradições. Assim, ele passou a ser divulgado como parte integrante da cultura chinesa, e seus templos se tornaram instituições de ensino – e, também, roteiros turísticos. Se a escola *Chan* praticamente desapareceu da China, a doutrina Shaolin se tornou uma das vitrines do governo chinês, sendo divulgada por uma imensa quantidade de produções cinematográficas (Paris-Clavel, 2017) e constituindo-se em uma rede de templos com filiais espalhadas por vários lugares do mundo. Mesmo assim, os principais divulgadores do budismo no mundo continuam a ser Taiwan e o Japão, como veremos adiante.

6.4 O daoísmo e a tradição chinesa

O que podemos classificar como *daoísmo* (*Daojiao*) abrange um amplo e diversificado conjunto de crenças, rituais e divindades de origem chinesa, absorvidos diretamente da religiosidade popular (*Shenjiao*). Se no início o daoísmo surgiu como uma contestação ético-filosófica do mundo no século VI A.E.C., gradualmente ele se transformou em um sistema de contornos claramente religiosos, incorporando elementos do imaginário chinês. Depois do século IV E.C., o daoísmo investiu em práticas alquímicas, meditativas, marciais e rituais, que conferiram um novo caráter a essa vertente religiosa.

Os daoístas sentiram uma forte concorrência por fiéis com a chegada do budismo. Aqueles tinham templos iniciáticos, com rituais fechados e cultos pouco conhecidos, ao passo que os budistas traziam um sistema amplamente organizado de crenças, escrituras e filosofia, além de que seus templos eram abertos e muitas de suas cerimônias eram públicas. Com o tempo, essas diferenças se atenuaram, e o diálogo adaptativo que se estabeleceu entre as duas vertentes permeou o surgimento de grupos sincréticos. Há certo consenso de que o budismo *Chan*, por exemplo, nasceu de um diálogo com as formas filosóficas antigas do daoísmo. Os adeptos dessa crença também organizaram suas produções literárias, nos mesmos moldes que o budismo, em um vasto cânone bibliográfico, intitulado *Daozang*[1]. Esse trabalho contribuiu para dar um caráter mais institucional ao daoísmo.

> **IMPORTANTE!**
> Em linhas gerais, o daoísmo segue a teoria da existência de um mundo extrafísico, habitado por deuses e espíritos, com o qual mantemos contato. Ele é governado por um número indeterminado de divindades, governadas pelo Soberano de Jade, seu rei. Enquanto isso, o mundo físico é um espelho do extrafísico, numa variação limitada pela existência material e corpórea. As crenças daoístas supõem haver uma conexão harmônica, por meios ritualísticos e alquímicos, com esse mundo espiritual.

Usualmente, no daoísmo, faz-se uso do mediunismo[2] para entrar em contato com entidades protetoras ou espíritos já desencarnados. Esses seres também interferem nos oráculos, como o *Yijing* (*Tratado das mutações*), que é usado para auxiliar a condução dos negócios mundanos. A perspectiva reencarnacionista ganhou força após o longo diálogo com o budismo.

---

1   O *Daozang* é uma grande coleção de textos daoístas, contendo mais de 1.400 manuscritos, divididos nos mais variados temas, como livros filosóficos, mágicos, alquímicos e ritualísticos. Apesar de livros como o *Daodejing*, de Laozi, ou o Zhuangzi serem considerados escritos fundadores do cânone, são textos como o *Taiyi Jinhua Zongzhi* (*O segredo da flor de ouro*), de Lu Dongbin (Jung; Wilhelm, 2017) – que tratam de meditação e aperfeiçoamento interno –, que atraem mais a atenção dos praticantes religiosos nos dias de hoje. A vasta relação de livros do cânone pode ser vista no trabalho de Fabrizio Pregadio (2006).

2   Numa acepção própria do vocabulário espiritualista, *mediunismo* é a prática do contato com os espíritos sem um corpo de técnicas ou de teorias unificado, ao passo que *mediunidade* alude a uma ciência que trata desse contato.

Os templos daoístas não chegaram a formar uma rede mais organizada, mantendo-se descentralizados. No século XX, eles tiveram uma trajetória similar à do budismo, sofrendo ataques ainda mais sérios na época da Revolução Cultural. As práticas mediúnicas e oraculares passaram a ser consideradas práticas de charlatanismo e foram duramente reprimidas e perseguidas. Ainda hoje, os praticantes do daoísmo que mantêm essas artes na China continental são atentamente fiscalizados pelos agentes da lei, conservando uma atitude discreta – embora sejam muito procurados por pessoas dos mais diversos níveis sociais, desde devotos pobres até novos ricos em busca de favores espirituais e materiais.

FIGURA 6.1 – Templo daoísta em Dujiangyan

cad_wizard/Shutterstock.com

O governo tem promovido recentemente o resgate das tradições daoístas, buscando preservar a religião como patrimônio cultural imaterial chinês. Um grande centro do daoísmo, localizado nas montanhas Wudang, tornou-se a referência das práticas marciais e terapêuticas dessa doutrina – sendo um dos mais importantes divulgadores da prática de *taijiquan* –, recebendo uma divulgação similar à de Shaolin, ainda que em menor escala. Por fim, as tradições religiosas populares, confundidas e misturadas constantemente com o daoísmo institucionalizado, sobrevivem nos costumes da população, recorrendo à devoção aos espíritos, ao culto aos ancestrais, às oferendas e às devoções feitas constantemente, ao uso de amuletos para proteção e aos ritos funerais de sepultamento, entre outras práticas comuns às religiões. Um dos efeitos mais notáveis dessas interpretações é a espontaneidade criativa: figuras históricas contemporâneas como Mao Zedong (1893-1976) e Zhou Enlai (1898-1976) estão sendo divinizadas nas crenças populares, revelando a capacidade de adaptação das mais antigas tradições chinesas.

6.5 O novo confucionismo

A Escola Acadêmica (Rujia) foi formada por Confúcio (551-479) no século V A.E.C., constituindo-se em uma doutrina de caráter educacional e político que visava reformar as instituições da época. Confúcio não tinha quaisquer preocupações em formar o que poderíamos chamar de religião (Yao, 2001). O próprio termo *confucionismo* foi criado pelos jesuítas no século XVI, os quais acreditavam que um pensamento com tal durabilidade só poderia manter-se por ser um sistema religioso. Como o confucionismo apresentava um conjunto de orientações morais e um projeto ético para a organização da política imperial, ele foi bem recebido no âmbito intelectual iluminista europeu.

Todavia, os confucionistas não se preocuparam em elaborar sistemas metafísicos, debatendo pontualmente questões desse contexto com budistas e com daoístas. Suas preocupações essenciais eram criar um sistema educacional amplo, que ajudasse a preservar a cultura e a estabelecer uma ética de deveres sociais.

O papel central do Estado no controle das leis e da administração pública terminou por consolidar o confucionismo como a principal doutrina de orientação política chinesa até o século XX (Schuman, 2016).

Por essa razão, no Ocidente, o diálogo com as obras confucionistas foi fortemente atravessado pela ideia de que o confucionismo seria uma religião. O problema, no entanto, é que a doutrina não propõe nenhuma explicação para a vida após a morte ou para a existência de divindades ou da alma. Confúcio adotara as crenças da religiosidade popular; porém, na história do confucionismo, encontraremos letrados que adotaram o budismo, o daoísmo ou o cristianismo (e mesmo o ateísmo), demonstrando que essa doutrina teria um caráter mais filosófico do que religioso.

No final do século XIX, observamos uma renovação do pensamento confucionista, que passou a preocupar-se em criar respostas para a crise política e econômica que a China vivenciava (Fairbank; Teng, 1979). A instauração da República no país em 1912 significou, entretanto, que a adoção de modelos políticos ocidentais parecia ser a resposta mais viável naquele contexto. As teorias republicanas chinesas admitiam a inserção de elementos confucionistas em sua estruturação funcional e organizacional, mas em caráter limitado. Mesmo assim, o confucionismo continuava a ser uma importante forma de pensar a moral e as tradições.

Depois de 1949, o novo governo comunista passou a considerar o confucionismo a essência do atraso e do reacionarismo chinês e tentou combatê-lo intensamente. Campanhas sucessivas para eliminá-lo do imaginário social foram realizadas, e falar dele na época da Revolução Cultural era praticamente condenar-se à morte. Contudo, o confucionismo seguiu forte em Singapura, Hong Kong, Macau e Taiwan, principalmente como uma tradição ético-filosófica, gradualmente construindo o que seria chamado de *Nova Escola Acadêmica* (Xin Rujia) (Bell; Chaibong, 2003).

Na década de 1990, todavia, o governo comunista dinamizou seu projeto de abertura econômica e política, permitindo um renascimento intelectual do confucionismo nas universidades. Diversas abordagens inovadoras foram feitas sobre a doutrina, incluindo desde projetos políticos novos, como o de substituir o marxismo por um confucionismo constitucional (Jiang; Bell, 2013), até a autoajuda (Yu, 2010).

Entre esses programas, a proposta do pensador Jiang Qing tem alcançado certo relevo, em função de suas características religiosas. O autor defende que o confucionismo deve tornar-se uma espécie de religião nacional, com a sacralização da figura de Confúcio, a instituição dogmática de seus preceitos morais[3] e a estruturação ideológica do Estado baseada em sua doutrina, como ocorreu no período imperial. Para ele, essa transformação garantiria uma unidade cultural de caráter nacionalista, como no caso da Inglaterra ou do Japão. De certa forma, Jiang acaba adotando uma concepção ocidental para reformar a República (outra ideia igualmente ocidental) a fim de tentar reforçar o resgate e a difusão das tradições chinesas.

O problema, no entanto, é que o confucionismo proposto por Jiang não dispõe de uma perspectiva metafísica mais desenvolvida (nem pretende fazê-lo), visto que sua visão do culto aos ancestrais está mais próxima de uma memória inspiradora sobre o passado, sua percepção sobre o céu (*Tian*) se aproxima de um entendimento ecológico, e ele não dispõe de templos ou igrejas claramente definidos para o culto (e os que existem reproduzem cerimônias antigas de festividades folclóricas, sem uma conotação religiosa

---

3   As cinco principais virtudes confucionistas tradicionais, invocadas como valores morais que norteiam a proposta de Jiang Qing, são: (1) *Ren* (altruísmo, humanismo); (2) *Yi* (moralidade, justiça); (3) *Li* (costumes, ritos, cortesia); (4) *Zhi* (sabedoria, conhecimento); e (5) *Xin* (sinceridade, integridade). As reinterpretações desses conceitos são fornecidas pela leitura dos textos clássicos confucionistas, igualmente traduzidos e compreendidos com base nas teorias propostas pelo autor.

clara). Assim, aspectos como o consolo diante do drama da vida e da morte, o anseio pela transcendência e a existência do divino não são atendidos nem explicados por essa proposta. De fato, pode-se afirmar que essa seria quase uma *religião materialista*, com toda a superficialidade e os problemas que esses termos podem oferecer em conjunto.

> O confucionismo é uma religião que nos fornece uma maneira de conduzir a mente e a vida, estabelecendo-se como uma forma de refúgio para as pessoas através de fé numa abordagem individual e na educação social. As pessoas, movidas pelas crenças confucianas reveladas pelo Céu, podem fazer com que suas mentes possam alcançar maior preocupação com o Céu (natureza), o destino, o corpo, a consciência, a busca por uma perfeição na vida física como objetivo final [...]. Como um grupo social, por meio dos hábitos estabelecidos em todos os níveis sociais, poderemos resolver a questão de uma vida natural limitada e superar o sem-sentido e o sem-valor de uma vida secular. (Jiang, 2006, tradução nossa)

As ideias de Jiang granjearam uma acolhida variada. Embora o autor seja respeitado como grande intelectual, o governo chinês tem recebido suas propostas de forma ambígua, adotando cautela em apoiá-lo. A questão do controle religioso continua a ser fundamental para o Estado chinês, mas as tradições budistas, daoístas e confucionistas enfrentam agora o desafio do renascimento do cristianismo na China, que vem a se somar ao quadro complexo e diversificado da religiosidade no país.

6.6 O movimento cristão chinês

O crescimento dos movimentos cristãos na China tem sido objeto de grande atenção por parte do governo. No século XIX, o país recebeu um significativo número de missionários, principalmente protestantes ingleses e norte-americanos, que tentaram gradualmente suplantar as missões católicas desenvolvidas desde o século XVI (Speer, 1870). O ambiente conturbado do período fez com que essas iniciativas tivessem sucessos variados. A experiência com a Revolta Taiping (de 1854 a 1860) disseminou um profundo receio do cristianismo, o qual ganhou má fama e passou a ser alvo de campanhas de difamação. Na época da Revolta dos Boxers (em 1900), padres e missionários se tornaram alvos, simbolizando a interferência estrangeira. Após a ascensão republicana em 1912, a situação melhorou bastante. A adoção do metodismo por Chiang Kai-shek estimulou muitos integrantes da elite chinesa a adotar o cristianismo.

Contudo, a revolução de 1949 mudou radicalmente esse panorama. O cristianismo, em suas muitas vertentes, não havia sido amplamente assimilado e continuava a representar uma teoria alienígena, causando receio e preocupação. O novo governo comunista se propunha laico e ateu, instaurando novamente um sistema de supervisão das denominações religiosas. Os grupos cristãos independentes praticamente desapareceram, e o catolicismo foi duramente reprimido. O Estado criou a Associação Católica Patriótica em 1957, depois de romper com o Vaticano, visando controlar a ordenação de religiosos e a administração das igrejas. As alternâncias políticas do século XX causaram impressões divergentes sobre o futuro do cristianismo no país.

Muitos padres católicos envolvidos com a Teologia da Libertação[4] acreditavam que seria possível conciliar o comunismo chinês com o cristianismo, tema bastante discutido ao longo das décadas de 1970 e de 1980 (Boff, 1979, 1982).

A abertura política na década de 1990 permitiu um novo movimento missionário em direção à China continental, ampliando rapidamente o número de congregações independentes, em sua maioria provenientes dos Estados Unidos. Nos anos 2000, houve uma aproximação entre o Vaticano e o governo chinês, com o restabelecimento de um canal de diálogo e o reconhecimento formal dos sacerdotes nativos.

Essa situação proporcionou um rápido crescimento do cristianismo no país e, atualmente, ele é a religião que mais cresce em número de adeptos, embora as estatísticas não sejam precisas. Mesmo assim, os religiosos cristãos têm lançado novos desafios ao governo chinês. Em 2010, por exemplo, a congregação de Qufu (cidade natal de Confúcio) tentou construir uma igreja gigantesca, que iria eclipsar os monumentos confucionistas da cidade. Houve protestos generalizados, que terminaram por encerrar o projeto; todavia, esse acontecimento revelou que os cristãos já contam com certa representatividade no país (Bueno, 2015a). As projeções para a próxima década apontam para a possibilidade de os cristãos autodeclarados (atualmente, 4,5%) superarem, em número, os praticantes do daoísmo institucionalizado (7%).

---

4   A Teologia da Libertação foi um movimento católico fundado na década de 1970 que tinha como objetivos o diálogo ecumênico com outras religiões, a opção doutrinária pelas populações pobres e a adoção de um discurso teológico político, relacionado aos direitos humanos e à proteção de grupos sociais menos favorecidos. Os integrantes desse grupo se aproximaram das ideologias e dos governos de esquerda, buscando novos modelos de governação. O movimento se difundiu com bastante força na América Latina e no Caribe, alcançando diversos países e fazendo frente à Igreja institucionalizada. A Teologia da Libertação foi duramente combatida por alguns governos militares, que a consideravam uma doutrina subversiva. Na década de 1990, o movimento diminuiu bastante, acompanhando as mudanças das orientações políticas mundiais (Dussel, 1999; Gutiérrez, 2000).

IMPORTANTE!

As questões centrais que envolvem a renovação do cristianismo na China estão na construção de seu perfil: A religião manterá suas origens e suas características ocidentais ou passará por uma adaptação aos elementos da cultura chinesa? Tópicos como aborto, liberdade de consciência, obediência à lei civil, ecumenismo e tolerância ainda são pontos delicados na relação entre as comunidades cristãs e o Estado chinês. A Igreja Católica não considera os membros da Igreja chinesa cismáticos ou heréticos, mas ressente-se da ausência de controle sobre suas comunidades. As congregações independentes (protestantes, em geral) têm desenvolvido suas relações com maior liberdade e flexibilidade com o governo; elas enfrentam, porém, a mesma dificuldade de adaptar suas crenças ao entendimento da população chinesa. O empreendimento de consolidar uma concepção monoteísta e monoexistencial em uma sociedade politeísta, virtualmente reencarnacionista e milenarmente plural significa um imenso desafio intelectual, filosófico e cultural para o cristianismo.

6.7 O caso da Falun Gong

Na década de 1990, o afrouxamento no controle sobre as práticas religiosas na China levou ao surgimento de pequenas seitas e grupos, que reinterpretavam de forma diversa e inovadora as tradições locais. Houve igualmente um interesse renovado pelas artes marciais contemplativas e pelas práticas físicas terapêuticas, como o *taijiquan* e os métodos de respiração Qigong (Penny, 1993). Nesse contexto, surgiu um "sistema de cultivo do corpo e da mente" chamado *Falun Gong*, ou "grande prática da Roda da Lei", cujos princípios básicos se aproximavam de uma interpretação modernizada de ideias budistas.

Fundada em 1992 por Li Hongzhi, cujos dados biográficos são pouco conhecidos, a Falun Gong surgiu como um misto de condicionamento físico e valores espiritualizados e, por suas propostas acessíveis e simples, que tinham um forte apelo de autoajuda, apresentou um rápido crescimento. É provável que essa acelerada expansão tenha preocupado o governo chinês – lembremos que, em 1989, a China havia passado por uma série de incidentes, como o episódio da Praça da Paz Celestial, que haviam perturbado gravemente a ordem política do país. O surgimento de grupos religiosos e políticos estava sob forte vigilância do governo, e a manutenção do sistema ideológico continuava a ser uma de suas prioridades. Assim, o desenvolvimento da Falun Gong começou a ser vista como uma ameaça à lei e à ordem (Chan, 2004). A mudança de Li Hongzhi, em 1995, para os Estados Unidos e uma manifestação pela liberdade de culto ocorrida em Beijing, em 1999, significaram um desafio aberto ao Partido Comunista Chinês. Desde então, a Falun Gong começou a enfrentar embates contínuos com as autoridades, havendo relatos de perseguição e prisões.

Essencialmente, a Falun Gong se divide em duas partes: (1) os exercícios físicos e respiratórios, destinados ao controle da mente e do corpo, e (2) uma prática de cunho moral e filosófico baseada no budismo. Seus princípios fundamentais são a verdade (*Zhen*), a compaixão (*Shan*) e a tolerância (*Ren*), que os praticantes adotam como balizas para a vida. No mais, o sistema de crença é calcado no budismo chinês – nesse sentido, a Falun Gong poderia ser perfeitamente qualificada como um grupo budista. Essa consideração está em seu principal escrito, o *Zhuan Falun*, publicado em 1995, no qual Li Hongzhi resume os princípios da doutrina.

Seu enfrentamento com o governo chinês acabou chamando a atenção do público, o que atraiu milhares de praticantes de fora do país. O caso da Falun Gong é emblemático quanto à questão da religiosidade na China contemporânea: embora não apresente uma teoria substancialmente nova em relação às tradições chinesas, seus métodos e seu discurso acessíveis lhe proporcionaram um crescimento notável. Essa expansão revelou que o governo pode ter, ainda, dificuldades em supervisionar as religiosidades e exercer seu controle sobre elas e que o discurso laico e ateísta tem apresentado sinais claros de cansaço e de superação.

6.8 A questão do Dalai Lama e do budismo tibetano

Em 1959, a China invadiu o Tibete, instalando o governo comunista na região. Até então, ambos os países haviam mantido longas relações históricas e culturais, e os tibetanos tinham alternado períodos de independência com momentos de dominação estrangeira em seu território (Unzer, 2018). Antes de 1959, houve uma aproximação amigável entre a China comunista e o governo religioso do Dalai Lama (Tenzin Gyatso), que estava interessado em modernizar o regime monárquico tibetano. Todavia, o processo de diálogo foi suplantado pela invasão, e o Tibete acabou se tornando mais uma província chinesa.

Antes disso, o budismo tibetano, denominado *vajrayana* ("caminho do diamante"), era uma forma particular de sistema religioso, resultante de um longo processo de adaptação das teorias *mahayanas* ao contexto cultural tibetano, cuja religião xamânica nativa, o Culto Bonpo[5], imprimira profundas marcas nessa vertente.

---

5   A tradição Bon se constitui em uma forma de culto de origens xamânicas, cujas divindades eram as forças personificadas da natureza, a quem se dedicavam rituais e cerimônias mágicas. Os sacerdotes desse culto usavam o transe, as experiências mediúnicas e a prática de magia. A história da Bon é difícil de ser reconstituída, pois seus adeptos começaram a ser descritos principalmente na literatura budista tibetana que surgiu depois do século X. Há poucos fragmentos de suas antigas tradições, e hoje eles se encontram fundidos ao budismo *vajrayana*. Contudo, acredita-se que as singularidades do budismo tibetano são resultado das influências da Bonpo, quando aquele é comparado às tradições indianas, chinesas ou do Sudeste Asiático.

O budismo tibetano herdou as tradições tântricas indianas, que privilegiavam técnicas meditativas de domínio do corpo, e centrou-se na divindade da compaixão, Cherengzi. Ele trouxe também um grande número de divindades indianas, que foram sincretizadas com as divindades do Culto Bonpo, e desenvolveu o sistema de patriarcado centrado no Lama, construindo um regime peculiar em que a autoridade religiosa foi investida de um caráter secular. É comum caracterizar o Tibete como um regime teocrático, de caráter similar ao do Vaticano (Hawkins, 2003).

Desde o século VII, o Tibete se tornou um espaço de desenvolvimento para essa nova forma de budismo, cujo ápice ocorreu nos séculos XVIII e XIX, quando os Lamas tibetanos eram considerados orientadores espirituais dos imperadores chineses da Dinastia Qing (de 1644 a 1912). No século XX, porém, o Tibete alcançou uma rápida fase de independência (de 1912 a 1959) e isolou-se do restante do mundo, fechando suas fronteiras, com o fim de preservar suas identidades cultural e religiosa.

A invasão chinesa de 1959 era justificada pelo contexto das tensões políticas e ideológicas que atravessaram o período da Guerra Fria. O Tibete estava no centro de uma possível disputa geográfica entre a União das Repúblicas Socialistas Soviéticas (URSS), a Índia e a China. A decisão de Mao Zedong de invadir o país se baseava, igualmente, na mentalidade comunista de levar uma evolução cultural, científica e econômica ao Tibete, inserindo-o no mundo moderno. Nesse sentido, o regime político baseado no budismo era considerado um obstáculo a essas reformas.

Diante de uma malsucedida sublevação popular, que enfrentou violentamente a invasão chinesa, os acontecimentos políticos forçaram a fuga do Dalai Lama para a Índia. Desde então, ele tem buscado organizar uma resistência pacífica ao domínio chinês, estimulando a disseminação do budismo tibetano no mundo e tentando estabelecer um diálogo mais amplo com o governo da

China. Mesmo assim, até os anos 2000, de forma sistemática, as autoridades chinesas se contrapuseram, diplomaticamente, às ações do Dalai Lama, empreendendo uma política de esvaziamento de sua autoridade. Apenas em contexto mais recente, o governo chinês diminuiu bastante seu embate contra o líder tibetano, no âmbito da nova fase de liberdade religiosa que o país tem vivenciado. Nenhum acordo sólido, contudo, tem se delineado no cenário atual.

Com certeza, a questão tibetana representa um grande desafio à estrutura política e ideológica da China comunista. Embora o budismo tibetano, entendido como uma religiosidade, esteja deslocado de seu espaço nativo, ele tem alcançado uma nova dimensão mundial graças ao trabalho do Dalai Lama (2015). Novamente, sua expansão desafia o modelo laico e ateísta da República chinesa, que tem dificuldades naturais para exercer sua supervisão sobre as denominações religiosas. Entretanto, os avanços econômicos e materiais na sociedade contemporânea chinesa têm reforçado a ideia de que um sistema político independente de religiosidades parece o caminho mais palpável para a continuidade do desenvolvimento. Esses desafios parecem superar, ainda, a capacidade de se fazerem prognósticos.

6.9 Taiwan: as tradições chinesas e a presença ocidental

A retirada dos republicanos chineses para Taiwan, em 1949, representou uma mudança radical na vida dessa ilha, a partir de então sede de um novo país apoiado pelo governo norte-americano. Apesar de Taiwan nunca ter reconhecido o governo comunista (e vice-versa), gradualmente a República chinesa (também chamada *China Taipei*) desenvolveu sua autonomia, e as tradições chinesas evoluíram de forma alternativa em relação àquela ocorrida no continente.

Como vimos anteriormente, o fato de Chiang Kai-shek ter se convertido ao metodismo atraiu muitos membros da elite chinesa, que entendiam ser esse um caminho para acessar o estilo de vida americano. Hoje, Igrejas protestantes estão bastante presentes no cotidiano da sociedade de Taiwan. No entanto, budistas e daoístas encontraram um espaço de maior liberdade na ilha, mantendo muitos dos aspectos culturais do período pré-republicano.

A maior parte das pessoas da ilha se declara budista, mas elas são flexíveis em admitir seu interesse por outras religiosidades. O budismo conta com grandes instituições na região. Como exemplo, citamos a ordem Fo Guang Shan – fundada em 1967 pelo abade Xing Yun (Hsing Yun) –, que é uma congregação budista de orientação *Chan (Zen)* cuja rede de templos, escolas e associações é considerada a maior do mundo. Essa ordem atua no campo da filosofia, da caridade e da educação, tendo milhares de adeptos espalhados em vários países, inclusive no Brasil. Em 2003, eles fundaram o Templo Zulai na cidade de Cotia, no estado de São Paulo, consolidando sua presença religiosa e social.

Da mesma maneira, a expansão do daoísmo permitiu a criação de vários templos e congregações na ilha. A institucionalização dessa vertente religiosa encontrou espaço no país sob o amparo do governo, e a ordem Zhengyi – uma das principais promotoras do daoísmo – constituiu sua sede em Taiwan. A Sociedade Taoísta do Brasil, fundada em 1991 pelo Mestre Wu Jyh Cherng (1958-2004), é de origem taiwanesa, demonstrando que as políticas de tolerância religiosa estimularam o crescimento e a expansão das mais diversas religiosidades.

Pequenas seitas que uniam conceitos de diversas religiões surgiram nesse ambiente, mas sem grande expressão, assim como houve uma tentativa de criar uma "Igreja de Confúcio", que buscava conciliar o pensamento confucionista com o ideal republicano, praticando um culto devocional a Confúcio, Sun Yat-sen (fundador da República chinesa) e George Washington (pai da República americana), mas sem sucesso. Algumas dessas expressões ainda existem, mas apresentam alcance limitado, mostrando que Taiwan tem sido capaz de comportar as diferenças religiosas.

O país ainda abrigou um conjunto de religiosidades sincréticas chamado *Xiantiandao* ("Caminho do Céu Primordial"), que surgiu no rescaldo do fim da Dinastia Qing. Centradas na ideia da divindade do céu, as denominações dessa linha buscavam resgatar as antigas tradições da crença popular chinesa, do budismo chinês, do daoísmo e do confucionismo em diversos tipos de síntese. Aparentemente, o objetivo dessas doutrinas era fazer frente, de maneira intelectual e religiosa, ao domínio manchu e, depois, à presença das potências imperialistas europeias.

Algumas dessas religiosidades chegaram a absorver elementos cristãos e islâmicos, de forma espontânea e criativa. Contudo, elas desapareceram na China continental, e poucos praticantes conseguiram se refugiar em Taiwan. Uma delas, denominada *Tiandao* ("Caminho do Céu") ou *Yiguandao* (Lu, 2008), fundada em 1930 por um líder messiânico chamado Zhang Tianran (1889-1947), encontrou abrigo na ilha e conseguiu desenvolver-se com relativo sucesso. Essa nova religiosidade propõe um sistema combinado de ética confucionista, metafísica budista e crenças e ritos daoístas. A divindade principal é a grande e eterna Mãe Criadora, figura central de sua teogonia. Atualmente, essa denominação voltou a crescer em Hong Kong, Singapura e Tailândia, constituindo uma opção religiosa notável nas comunidades chinesas.

Todavia, esse panorama de liberdade religiosa encontra-se em situação delicada. O futuro da ilha – o retorno a uma união com a China continental ou a independência completa – torna esse cenário incerto, pois as possíveis mudanças no contexto político poderão alterar novamente esse clima de tolerância e diversidade. Essa tendência já ocorre hoje em Hong Kong, ex-colônia britânica, onde o panorama da mundividência religiosa se aproxima cada vez mais da China continental.

INDICAÇÕES CULTURAIS

Documentários

AS ENTRANHAS do Tibete. Direção: Steffen Bayer. Reino Unido, 2008. 52 min.

TIBETE: o final do tempo. Direção: Harry Marshall. EUA: Abril Coleções, 1995. 51 min. (Coleção Civilizações Perdidas)

Esses documentários compõem um quadro histórico bastante diferente do que usualmente conhecemos.

BUDISMO. Direção: Stephen Kopels. EUA: Europa Filmes do Brasil, 1998. 47 min. (Religiões do Mundo). Disponível em: <https://www.youtube.com/watch?v=tfPaGnjKdyo>. Acesso em: 26 out. 2020.

CONFUCIONISMO e taoísmo. Direção: Stephen Kopels. EUA: Europa Filmes do Brasil, 1998. 47 min. (Religiões do Mundo). Disponível em: <https://www.youtube.com/watch?v=yvnX2mYaso4>. Acesso em: 26 out. 2020.

Os episódios da coleção *Religiões do Mundo* trazem relevantes informações sobre essas tradições religiosas.

Filmes

KUNDUN. Direção: Martin Scorsese. EUA: Touchstone Pictures, 1997. 134 min.

O PEQUENO Buda. Direção: Bernardo Bertolucci. França/Liechtenstein/Itália/EUA: Miramax Films, 1993. 135 min.

SETE anos no Tibete. Direção: Jean-Jacques Annaud. EUA, 1997. 139 min.

Essas produções apresentam versões da história tibetana recente.

Livros

HESSLER, P. **China**: uma viagem entre o passado e o presente. Lisboa: Civilização, 2012.

O livro de Peter Hessler analisa as tensões étnicas e religiosas na China atual, auxiliando na compreensão do cenário atual do país.

JIN, H. (Ed.). **História social do Tibete, China**: documentada e ilustrada. Beijing: Intercontinental Press, 1995.

O livro apresenta a visão historiográfica chinesa da questão do Tibete.

LIU, Y. **East Meets West**. Köln: Taschen, 2015.

A artista chinesa Yang Liu criou uma série de imagens que representam ideias de comparação entre o Ocidente e a China.

Síntese

Vimos, neste capítulo, que a situação das religiões na China continental é bem diferente daquela de que usualmente ouvimos falar na mídia. Embora seja oficialmente laico, o governo chinês administra o maior país budista do mundo, que convive com diversas filosofias nativas, como o daoísmo e o confucionismo, além de presenciar um rápido crescimento de outras religiosidades, como são os casos do cristianismo ou da Falun Gong.

Nesse contexto, observamos que o novo confucionismo surgiu em um período recente, pretendendo reformar a política chinesa, ao mesmo tempo que o governo enfrenta dificuldades para administrar a questão do Tibete e sua relação com Taiwan. Nessa ilha, uma plurivivência religiosa tem se desenvolvido, e budistas, confucionistas, daoístas e cristãos – além de novos cultos – encontram um espaço fértil e harmônico para o diálogo.

Atividades de autoavaliação

1. Como podemos entender o novo confucionismo?
   A) Como uma filosofia política e religiosa nova, surgida com base no marxismo chinês.
   B) Como uma filosofia política e religiosa, que retoma o antigo confucionismo e o adapta a uma nova realidade chinesa.
   C) Como uma seita religiosa chinesa, baseada nas antigas tradições populares (Shenjiao).
   D) Como uma religiosidade nova, sem precedentes.
   E) Como uma forma de filosofia ateística, sem conexões com as religiosidades.

2. O controle exercido sobre as agremiações religiosas, na China continental, baseia-se no princípio:
   A) relativo ao fato de o governo comunista ser laico e ateu, determinando uma lei civil a ser seguida por todas as religiosidades.
   B) não generalista, dando-se plena liberdade a algumas religiões.
   C) da autodeterminação, que concede autonomia às associações religiosas.
   D) da proibição por completo, pois um Estado laico impede a prática religiosa.
   E) do privilégio a cultos autóctones, discriminando-se religiões externas, como o budismo e o cristianismo.

3. As experiências religiosas em Taiwan podem ser caracterizadas como:
   A) plurais, admitindo a convivência de várias religiões diferentes.
   B) controladas pelo Estado, tal como na China socialista.
   C) amplamente dominadas pelo budismo, de maneira exclusiva.

D] um cenário em que somente as religiões nativas são permitidas.
E] amplamente dominadas pela influência cristã.

4. Sobre a renovação do cristianismo chinês, é correto afirmar:
    A] Trata-se do resultado de uma política de abertura do governo em direção a um Estado confessional.
    B] Trata-se do resultado de uma abertura gradual do budismo em relação a religiões estrangeiras.
    C] Trata-se do resultado de uma abertura gradual do governo em relação à chegada de novas entidades religiosas.
    D] Trata-se do resultado de um cerco político em relação às religiões nativas.
    E] Trata-se do resultado de uma política de diálogo e de movimentos civis pró-cristianismo.

5. Como a Falun Gong pode ser caracterizada?
    A] Como um movimento filosófico ateísta.
    B] Como um movimento religioso e filosófico original, inserido nas tradições chinesas.
    C] Como uma religiosidade extremista, baseada em teorias estrangeiras.
    D] Como uma filosofia acadêmica.
    E] Como uma filosofia religiosa budista-marxista.

Atividades de aprendizagem

Questões para reflexão

1. Depois de assistir aos documentários e aos filmes indicados na seção "Indicações culturais", reflita sobre as questões discutidas neste capítulo. Para analisar os problemas, você usou recursos e ideias orientalistas? Justifique.

2. Analise o trecho a seguir:

    "Os chineses fazem como os franceses mas...ao contrário!" Esta frase, que ouvi há alguns anos atrás na Rádio France Inter, foi proferida por um pequeno parisiense perante os seus colegas de turma e resumia, no seu espírito, todo um conjunto de observações feitas durante as férias que tinha passado na China com seus pais. O rapaz ficou surpreendido com uma quantidade de pequenos pormenores da vida corrente: dera-se conta, por exemplo, de que os Chineses contam utilizando os dedos, tal como nós, mas que começam no mínimo e não no polegar, de que descascam os frutos e os legumes com uma faca com a parte afiada virada para o exterior, de que a capa dos seus livros corresponde à nossa contracapa e de que as suas bússolas indicam o Sul... (Serres, 2003, p. 7)

    Em sua opinião, esse texto configura uma crítica à forma de racionalização ou de expressão cultural das duas sociedades retratadas? Como esses fatores culturais poderiam influenciar a compreensão das dimensões religiosas chinesas?

Atividade aplicada: prática

1. O desenho animado *A vida de Confúcio* apresenta uma biografia resumida da vida do mestre chinês, que continua a influenciar até os dias de hoje a mentalidade da sociedade na China. Assista ao desenho e identifique alguns dos conceitos propostos pelo velho sábio que continuam a existir nos dias de hoje.

    A VIDA de Confúcio. Direção: Karoly Papp. 1997. (Animated World Faiths). Disponível em: <https://www.youtube.com/watch?v=iY3UP-91JiI&t=3s>. Acesso em: 26 out. 2020.

RELIGIOSIDADES NO JAPÃO E NAS COREIAS

As formas religiosas no Japão e nas Coreias seguem trajetórias distintas. O Japão manteve sua autonomia cultural e política diante dos desafios do século XX, mesmo tendo enfrentado uma dura derrota na Segunda Guerra Mundial. Desse contexto emergiu uma nação capaz de conciliar suas tradições com o mundo globalizado, ressurgindo como potência e preservando sua identidade.

O caso das duas Coreias foi diferente: antes, eram um país único, que teve seu território invadido pelo Japão e, depois de violentos conflitos, dividido em duas partes, duas nações bastante distintas, nas quais as crenças, os costumes e as ideias religiosas seguiram rumos próprios.

7.1 Religiões no Japão contemporâneo

As religiosidades no Japão contemporâneo foram fortemente influenciadas pela experiência de modernização, iniciada no fim do século XIX, na Era Meiji (de 1867 a 1912). Até então, as tradições nativas do Japão, denominadas **xintó** (ou **xintoísmo**), conviviam com a presença dominante e organizada do budismo, que chegou ao país em torno do século VII. O processo de ocidentalização marcou de forma profunda a compreensão japonesa sobre suas próprias religiosidades, criando novas perspectivas.

Inspirado no romantismo alemão (Buruma; Margalit, 2006), em 1885, o Japão elevou o xintoísmo à condição de religião nacional (Yusa, 2005) e o definiu como um fator identitário da civilização japonesa (Yamakage, 2010). Ele foi institucionalizado e suas tradições foram uniformizadas, contribuindo para o fortalecimento do Estado imperial, disseminando-se como núcleo formativo da cultura nipônica. Após os reveses japoneses na Segunda Guerra Mundial (de 1939 a 1945), o xintoísmo, como religião de Estado, teve sua importância diminuída; no entanto, permaneceu no imaginário como um dos elementos agregadores do "ser japonês".

Importante!

Em linhas gerais, contudo, a visão japonesa sobre a religião é flexível e lida de forma bastante liberal com a diversidade religiosa, pouco interferindo nas crenças particulares dos indivíduos. Os japoneses contemporâneos não veem grandes contradições em se afirmarem ateus ou transitarem, ao mesmo tempo, entre o budismo e o xintoísmo (Nakagawa, 2008). O Japão moderno acompanhou, também, o surgimento de várias expressões religiosas relativamente bem-sucedidas, oriundas de reinterpretações e sincretismos.

7.1.1 Xintoísmo moderno pós-Segunda Guerra Mundial

O "Caminho dos Deuses" (xintó) está intimamente associado à formação da cultura japonesa. Esse conjunto de tradições é composto pelas narrativas míticas fundadoras do país e de sua civilização, pelos rituais e cerimônias dos mais diversos tipos e pelas crenças que norteiam a existência humana e sua vida após a morte. Os *kami* ("espíritos") formam um amplo grupo de divindades e espíritos da natureza que administram a vida na Terra, das quais Amaterasu Oo-mikami (a "Deusa do Sol") é considerada a principal, representando a origem e a força da Terra do Sol Nascente.

A finalidade dos cultos do xintoísmo é entrar em contato e estabelecer o equilíbrio com os *kami*. Isso é feito por sacerdotes especializados nesse tipo de ritual, cujas figuras se aproximam muito das dos antigos xamãs (Rochedieu, 1982). Para além dessas cerimônias, há um código moral composto por aforismos que dá o caráter geral das obrigações cotidianas e das normas de conduta e cortesia. Alguns fragmentos das máximas xintoístas podem nos dar uma ideia disso:

1. A harmonia é para ser prezada, e deve-se honrar toda abstenção de oposição agressiva.

[...]

3. Quando os de cima estão em harmonia e os debaixo são amigos, e há concórdia na discussão dos negócios, conseguem-se opiniões acertadas.

4. Poucos são os homens extremamente maus.

5. Quando receberes as ordens imperiais, não deixe de obedecê-las escrupulosamente.

6. O Céu é o senhor, e a Terra o vassalo. O Céu superior difunde-se e a Terra sustenta. Se a Terra tentasse difundir-se, o Céu simplesmente cairia em ruínas.

7. Os ministros e funcionários devem fazer da conduta decorosa o seu princípio normativo. Se os superiores não se comportam com decoro, os inferiores agirão desordenadamente, e se os inferiores agem desordenadamente, logo surgem os agravos.

[...]

10. Castigar os maus e estimular os bons: eis uma excelente regra da antiguidade.

11. Não escondas as boas qualidades dos demais, e não deixes de corrigir o que achares errado.

12. Os bajuladores e os impostores são armas aguçadas que solapam a Nação, e espadas voltadas contra o povo. (Gaer, 1965, p. 229-230)

Como podemos notar nesse trecho, alguns dos preceitos básicos do xintoísmo institucionalizado prezam não apenas um comportamento moral adequado, mas também a transferência do preceito devocional ao sustento do Estado. Por um lado, essa faceta arrefeceu-se após a derrota japonesa na Segunda Guerra Mundial, que colocou em questão a inspiração divina e a confiança cega nas instituições imperiais. Por outro, esse evento reforçou a conexão dos cidadãos japoneses em torno de uma identidade cultural comum, distanciando-os do passado medieval regionalizado e dividido.

O xintoísmo atual manteve sua estrutura congregacional e administrativa, promovendo a preservação das tradições históricas e morais japonesas. Dispondo de um grande número de santuários (lugares sagrados de culto) e templos, ele continua a disseminar crenças, ritos e festividades que envolvem os habitantes do arquipélago japonês, sendo um dos pilares fundamentais de sua cultura. Esses conteúdos permeiam a existência dos indivíduos por meio de festejos, comemorações e ritos pessoais ligados às fases da vida (Oshima, 1991).

Todavia, a relação com a renovação do discurso nacionalista e a tensão entre uma visão nipônica e a ocidentalização têm levado o xintoísmo a ser examinado filosoficamente no país. Como núcleo de uma ideia formativa da cultura japonesa, seu papel tem sido discutido com base em várias leituras possíveis derivadas dos contextos do século XIX e do pós-guerra, produzindo-se diversas interpretações possíveis sobre a formação da cultura local, de modo a buscar compreender as narrativas que a constituem (Oda, 2011). Essas considerações são fundamentais para entender a mentalidade japonesa contemporânea. Paradoxalmente, um cidadão japonês comum da atualidade pode identificar, de forma clara e consciente, muitos elementos do xintoísmo que construíram sua identidade e, no entanto, dedicar-se a outras denominações religiosas, sem perceber nisso um conflito intelectual, existencial ou cultural.

7.1.2 O budismo japonês

Tradicionalmente, considera-se que o budismo chegou ao Japão em torno do século VII, por meio de missionários coreanos, chineses e japoneses que haviam conhecido a religião na China (Yusa, 2005), trazendo consigo uma inovadora especulação filosófica, um conjunto de crenças de grande apelo popular e teorias sobre reencarnação aparentemente inéditas no imaginário japonês. Assim, o budismo alcançou uma substancial expansão no país, encontrando acolhida nas mais diversas camadas da sociedade.

Não há consenso historiográfico quanto ao fato de o budismo predominar ou não como religião entre os japoneses até o século XIX, quando houve a instituição do xintoísmo como culto oficial imperial. A disseminação de templos budistas, assim como de muitas de suas cerimônias e crenças, penetrou nas tradições japonesas; todavia, é difícil mensurar seu alcance e sua influência. Nos séculos XII e XIII, o trabalho dos mestres Shinran e Dogen impulsionou fortemente o desenvolvimento do budismo filosófico, e sua presença na literatura sapiencial reforçou sua ampla difusão na sociedade. Nesse contexto, foram abertas várias escolas autóctones, tais como a Terra Pura e a Nichiren – ambas dedicadas a práticas devocionais e esotéricas baseadas em sutras tradicionais (Hawkins, 2003) –, mas as duas grandes expressões do budismo japonês se consolidaram, efetivamente, no zen e no *bushido*.

A tradição **zen**, derivada do Chan chinês, deu grande ênfase às práticas meditativas e à criação de uma psicologia humana profunda e inovadora. Seus adeptos desenvolveram a postura zazen, técnica singular do budismo japonês, que se difundiu amplamente entre monges, guerreiros e praticantes leigos. O zen japonês conseguiu atravessar as diversas eras políticas do país e seguiu firme como uma tradição meditativa importante. Daisetsu T. Suzuki (1870-1966) e Taisen Deshimaru (1914-1982) foram dois importantes divulgadores do zen no Ocidente, expandindo sua popularidade e sua importância filosófica (Deshimaru, 1983a, 1983b; Suzuki, 1971). Mesmo assim, pensadores como Hitoshi Oshima (1991, p. 45-46) defendem que a importância do zen foi superdimensionada.

> No Ocidente, está muito difundida a crença de que o budismo Zen foi o que mais influenciou o pensamento japonês, crença equívoca, que pode ter tido suas origens na leitura dos livros do dr. Suzuki. Embora admitamos a excelente qualidade de suas obras, não compartilhamos, entretanto, da sua opinião pessoal quanto à posição do budismo Zen na história do pensamento japonês. O dr. Suzuki se refere ao budismo Zen como se tratasse do elemento mais importante da vida mental japonesa, o que difere muito da verdade histórica. O budismo Zen contém uma superlógica que tenta romper os esquemas estabelecidos da lógica. O Zen contém um processo de negação, um processo dialético que o pensamento japonês quase não concebe. É certo que o budismo Zen tenha sido aceito durante séculos no Japão, mas isso não significa a assimilação desse pensamento, e sim a identificação – equivocada – do ilógico e superlógico do budismo Zen com o ilógico tradicional

do pensamento mítico japonês. Por esta falta de assimilação do budismo zen, o japonês – numa grande maioria – não se interessa pelos diálogos enigmáticos chamados "Koan"; contenta-se em praticar os atos de meditação ou os trabalhos que são exigidos nos templos.

De qualquer maneira, a expansão do zen fora do país serviu para reconstruir a própria visão japonesa sobre essa tradição, aceitando-a como uma das mais profundas expressões imagéticas da cultura nipônica. No Brasil, importantes autores como a Monja Cohen, o Monge Joaquim Monteiro e o Reverendo Ricardo Mário Gonçalves filiaram-se a essa vertente, produzindo traduções e escritos originais sobre o assunto.

Outra faceta do budismo japonês está ligada à formação de uma ética guerreira, o *bushido*. As tradições que envolvem o código moral dos guerreiros japoneses construíram-se gradualmente pelo amálgama de fragmentos dos pensamentos confucionista, budista e xintoísta. A formação de grupos guerreiros no século XII, como o Sohei, de inspiração budista – em um processo similar ao de Shaolin –, estreitou os laços entre o pensamento búdico e as expressões marciais. O sentido de brevidade da existência física, a diluição do receio em relação à morte, a conexão da arte da espada e da arqueria com o controle da mente, como vivenciado por Eugen Herrigel (1989), e a associação do zazen como prática física e meditativa entre os guerreiros fizeram com que o zen se tornasse uma marca importante nas tradições militares nipônicas. Autores como Yamamoto Tsunetomo (1659-1719), Daidoji Yuzan (1639-1730) e Nitobe Inazo (1862-1933) ajudaram a difundir essa interpretação, que se tornou uma das imagens mais importantes do Japão.

7.1.3 Novas religiosidades japonesas

O contato com as civilizações ocidentais deu um novo impulso à transformação das religiosidades japonesas depois do século XIX. Com exceção do budismo, o Japão conseguiu afastar outras formas de crença de seu território, como foi o caso do catolicismo no século XVI, que, após um efêmero sucesso, passou a ser perseguido e praticamente desapareceu. Com as reformas Meiji, não apenas o cristianismo (principalmente missionários ingleses e norte-americanos), mas também outras vertentes religiosas chegaram ao país, conseguindo alguma difusão até a eclosão da Segunda Guerra Mundial.

O final do século XIX e o início do século XX foram profícuos no surgimento de novos grupos religiosos, resultantes de sincretismos e abordagens originais sobre o pensamento ocidental (Clarke, 2000; Yusa, 2005). Entre as várias denominações, destacamos:

- **Tenrikyo** ("Ensinamento dos Princípios do Céu") – É uma vertente religiosa fundada por uma camponesa, Miki Nakayama, que teria recebido revelações mediúnicas após um ritual budista, em torno de 1838. Ela teria entrado em contato com Tenri Onomikoto ("Senhor da Razão do Céu"), cujas características apontam para uma divindade monoteísta. Embora associada ao budismo, a Tenrikyo parece guardar similaridades com o cristianismo e o xintoísmo. Durante algum tempo, ela foi incorporada ao xintó institucional, mas, após a Segunda Guerra Mundial, alcançou o *status* de Igreja independente. Sua proposta baseia-se nas ideias do aperfeiçoamento pessoal e da purificação da mente, com vistas a uma evolução espiritual em um ciclo reencarnacionista.
- **Sekai Kyusei Kyo** – A Igreja Messiânica Mundial foi fundada em 1935 por Mokiti Okada, em um episódio similar ao da fundação da Tenrikyo. Deus (uma reinterpretação do Jeová

judaico-cristão) revelou-se a Okada e instruiu-o a formar um novo sistema de evolução espiritual. Mediante a contemplação e a meditação sobre os três grandes pilares – (1) a verdade, (2) o bem e (3) o belo –, alcança-se um estágio progressivo de compreensão sobre a vida, a natureza e o desenvolvimento interior. Um dos elementos centrais das crenças da Igreja Messiânica é o *johrei*, a luz purificadora responsável pela evolução do mundo. Essa energia universal, depuradora e curativa, pode ser distribuída e compartilhada pela imposição das mãos. Unindo elementos inspirados no xintoísmo, no cristianismo e no *reiki* (criado por Mikao Usui em 1922), a Igreja Messiânica conseguiu uma expansão notável dentro e fora do Japão – o Brasil forma a maior comunidade messiânica em todo o mundo (Clarke, 1999).

- **Seicho-No-Ie** – Em 1930, Masaharu Taniguchi fundou o "Lar do Progresso Infinito", congregando ensinamentos do xintoísmo, do budismo, do cristianismo, da psicologia e da escola de pensamento religioso norte-americano, como o de Ernest Holmes (1887-1960). Assim como as outras denominações, Taniguchi afirmou ter sido contatado por um *kami* do xintoísmo que se identificara como o Deus único. Com base nesse evento, ele elaborou um sistema denominado *Jisso*, a crença na consciência da ligação filial com o divino. A harmonia com a divindade criadora estabelece o progresso dos indivíduos. Para isso, expedientes que incluem a meditação e o culto aos antepassados constituem as práticas necessárias para o trabalho de reforma íntima. A Seicho-No-Ie também desenvolveu uma grande preocupação com questões ecológicas, colocando a preservação do meio ambiente como um dos itens atuais da busca da harmonia com Deus. Como na Igreja Messiânica, há uma grande comunidade dessa doutrina no Brasil (Clarke, 1999).

- **Mahikari** ("Luz da Verdade") – Foi criada 1959 por Yoshikazu Okada e defende a formulação de um sistema curativo baseado na imposição de mãos, assim como o *johrei* e o *reiki*. Okada pregava que a Luz da Verdade era o método utilizado por Buda e Jesus para cuidar dos seres e aproximá-los do Deus único, criador do Universo. A Mahikari não representa um conjunto de crenças definido, mas se propõe como uma técnica ou uma arte que auxilia no processo de identificação com o divino.

- **Kofuku-no-Kagaku** ("Ciência da Felicidade") – Surgiu em 1986, fundada pelo escritor e professor Ryuho Okawa, e representa uma abordagem inovadora das tradições religiosas. Baseia-se na concepção de que Buda, entre outras figuras míticas, é uma manifestação da divindade criadora da Terra, chamada *El Cantare*. Essa entidade, obedecendo às ordens de Deus, manifesta-se ocasionalmente no planeta. Ela também trouxe de outra dimensão do espaço vários mestres, como Enlil, Jesus, Zoroastro e Isaac Newton, para ajudar no processo evolutivo dos seres humanos. Diversas levas de extraterrestres ajudaram a compor o quadro da humanidade e contribuíram em variadas ocasiões para seu desenvolvimento material, intelectual e moral. O objetivo primordial do ser humano é realizar um processo de evolução espiritual denominado *Ciência da Felicidade*, que constitui a descoberta da realização pessoal por meio da prática do amor. Em linhas gerais, a Ciência da Felicidade se apresenta como uma nova linha de budismo, mas com características ecumênicas. Okawa conseguiu grande popularidade ao escrever livros de fácil acesso ao público e transformou-os em *animes* com ampla circulação. Seu livro *As leis do Sol* (Okawa, 2018), por exemplo, é um sucesso de vendas, e seu *anime* é facilmente encontrado na internet em *sites* de *streaming*.

As novas religiões japonesas revelam que, apesar do surgimento de um movimento nacionalista no século XX, disposto a instituir o xintoísmo como religião nacional, o ambiente de contato com outras mentalidades religiosas externas expandiu significativamente a elaboração de teorias metafísicas e filosóficas entre os japoneses. De forma criativa e sincrética, a cultura nipônica foi capaz de criar e aceitar essas novas denominações, contribuindo para sua expansão no período pós-guerra. A presença da maior comunidade japonesa fora do Japão tornou o Brasil sensível à vinda dessas religiosidades, sendo o maior receptor delas em todo o mundo.

7.2 Religiões nas Coreias

As Coreias têm uma história particularmente rica em termos religiosos. Suas tradições xamânicas originais, denominadas *Sindo*, prevaleceram por séculos, até a chegada do confucionismo e do budismo ao país. O *Sindo* guardava similitudes com a *Shenjiao* da China e o xintoísmo japonês, apresentando uma estrutura de crenças voltada para divindades naturais e um intercâmbio com o mundo espiritual. No século V, a Península Coreana encontrava-se dividida em três reinos: Goguryeo, Silla e Baekje (Unzer, 2019). O confucionismo chegou à região como uma doutrina de caráter político e educacional, servindo à organização dos reinos. O budismo, por sua vez, foi assimilado como uma nova forma de religiosidade, atraindo rapidamente vários grupos da sociedade. A forma *Seon* (*Chan* ou *Zen*) gradualmente se assentou como a predominante. A partir dessa condição, um fértil processo de diálogo entre as doutrinas produziu toda uma tradição de pensadores e escolas religiosas integradas a uma mundivivência coreana. Uma religião nativa, chamada *chondon*, datada do século XIX, fundiu elementos do xamanismo *Sindo*, do budismo e do daoísmo chinês, buscando fortalecer a identidade cultural coreana. Essas instituições seguiram continuamente, até o período de ocupação japonesa no país, instalado oficialmente em 1910 (Grayson, 2002).

O domínio japonês perdurou até 1945, com o fim da Segunda Guerra Mundial. Nesse espaço de tempo, os japoneses buscaram impor suas tradições à Coreia, forçando a assimilação de suas tradições e de sua religiosidade oficial, mas sem grande sucesso. A independência não foi seguida de calmaria: o território coreano foi dividido em dois – uma área de influência soviética e outra de influência norte-americana –, que logo se envolveram em um violento conflito, a Guerra da Coreia (de 1950 a 1953). O resultado foi uma divisão territorial e política que prevalece ainda nos dias de hoje. Essa situação influenciou decisivamente o panorama das religiosidades coreanas contemporâneas.

> **IMPORTANTE!**
>
> Na Coreia do Norte, de orientação socialista, não existem dados acessíveis sobre práticas religiosas. Aparentemente, a maior parte da população se declara ateísta, com grupos minoritários devotos do *Sindo*, do *chondon* e do budismo. Talvez seja importante considerar que a ideologia oficial de governo, chamada ***Juche***, tem adquirido contornos de prática religiosa. O *Juche* foi uma interpretação das teorias socialistas desenvolvida por Kim Il-Sung (1912-1994), fundador da República da Coreia do Norte.

A ideologia *Juche* se tornou a doutrina oficial de governo, pregando a autossuficiência, o nacionalismo, o militarismo e o funcionamento hierarquizado da sociedade (Suh, 2013). Um dos elementos mais importantes que caracterizam a *Juche* como uma forma de religiosidade é o culto aos membros da família Kim como idealizadores e protetores da Coreia. Essa prática transferiu o problema da crença em uma salvação metafísica (baseada na existência de divindades e da vida espiritual) para um humanismo socialista e materialista de características messiânicas e igualmente salvacionistas. A ideologia *Juche* não se expandiu para fora da Coreia do

Norte, e sua existência está intimamente atrelada à continuação do Estado socialista.

Na Coreia do Sul, por sua vez, a presença norte-americana contribuiu fortemente para uma mudança do perfil religioso da sociedade. Embora mais de 50% da população sul-coreana se declare não religiosa (mas não necessariamente ateísta), a corrente mais forte no país é o cristianismo protestante, que abrange em torno de 20% dos cidadãos. O budismo e o *chondon* seguem atrás, em menor número, revelando um panorama diferente entre as demais civilizações asiáticas (Min, 2016), com exceção do Timor-Leste e das Filipinas. O sucesso do cristianismo está diretamente ligado à influência ocidental, consolidada após a Guerra da Coreia. Programas de auxílio econômico, militar e educacional contribuíram para uma americanização dos costumes e das visões de mundo. No entanto, isso não impediu que diversos grupamentos religiosos novos surgissem no país, muitos de natureza sincrética, em um processo análogo ao japonês. A denominação religiosa mais bem-sucedida dessas novas Igrejas coreanas é a **Tongil Gyohoe** ("Igreja da Unificação"), fundada em 1954 por Sun Myung Moon, ou apenas Reverendo Moon (1920-2012). Sua Igreja, de orientação cristã, foi inspirada nas congregações norte-americanas.

De acordo com sua narrativa, Moon recebeu uma revelação do Deus cristão, em 1936, que o escolhera para preparar o mundo para a segunda vinda de Jesus Cristo. Em 1971, o Reverendo Moon mudou-se para os Estados Unidos, expandindo suas ações em escala mundial. O discurso da Igreja Unificada é caracterizado por uma visão tradicional e conservadora do cristianismo, sendo difundido em cerimônias, cultos regulares e ações assistenciais (Chryssides, 1991). A doutrina sustenta pautas contemporâneas como casamentos monogâmicos e heterossexuais em eventos coletivos, anticomunismo, refutação da diversidade de gênero e acesso irrestrito ao uso de armas de fogo. Exemplos como esse mostram que as religiosidades coreanas têm suas especificidades em relação a outras culturas asiáticas, exigindo um estudo aprofundado e diferenciado.

INDICAÇÕES CULTURAIS

Documentário

BUDISMO. Direção: Stephen Kopels. EUA: Europa Filmes do Brasil, 1998. 47 min. (Religiões do Mundo). Disponível em: <https://www.youtube.com/watch?v=tfPaGnjKdyo>. Acesso em: 20 out. 2020.

A produção apresenta um quadro bastante rico das tradições budistas japonesas.

Filme

PRIMAVERA, verão, outono, inverno... e primavera. Direção: Ki-duk Kim. Coreia do Sul/Alemanha, 2003. 103 min.

O filme narra a história de um pequeno templo budista e as experiências vividas por um mestre e seu aprendiz.

SÍNTESE

Neste capítulo, observamos como as religiosidades no Japão são fortemente marcadas pelas tradições nativas do xintoísmo e pelas interpretações originais do budismo. Além disso, o senso religioso japonês costuma ser flexível e aberto ao diálogo.

Nas Coreias, por sua vez, situações diferentes se desenrolam. Na Coreia do Norte, temos poucas notícias sobre como as tradições autóctones subsistem em uma nação laica ateísta. Já na Coreia do Sul, o budismo, o cristianismo e os cultos nativos encontram um espaço de interação criativo e receptivo, que permite a coexistência de várias denominações diferentes.

Atividades de autoavaliação

1. Assinale a alternativa que melhor resume a história do xintoísmo:
   A) Culto nacional ligado à formação do Estado japonês desde a Antiguidade.
   B) Crença de origem étnica, fundamental para a formação cultural japonesa.
   C) Religiosidade secundária, sem importância destacada no cenário cultural japonês.
   D) Seita derivada do budismo, do qual é concorrente.
   E) Filosofia sem cunho religioso, que permeia a arte japonesa.

2. A que se deve a forte presença cristã na Coreia do Sul?
   A) Ao sucesso dos movimentos cristãos desde o século XIX, que inspiraram mudanças no mundo coreano.
   B) À forte influência cultural norte-americana na sociedade contemporânea da Coreia do Sul após a Guerra da Coreia.
   C) Às influências da Revolta Taiping, na China.
   D) À existência de cristãos no país desde a Antiguidade, em virtude da rota da seda.
   E) Ao nascimento de uma versão própria de cristianismo local, levada à região pelos portugueses no século XVI.

3. Assinale a alternativa que apresenta uma característica marcante do budismo japonês:
   A) A presença da corrente zen, embora ela não seja a única nem predominante.
   B) A influência teravada, vinda do Sudeste Asiático.
   C) A diversidade de escolas, muitas relacionadas a influências ocidentais.
   D) A presença do legítimo budismo indiano, sem interferências culturais de outros países.
   E) A notável continuidade das tradições chinesas, preservadas em prejuízo da originalidade japonesa.

4. Como pode ser entendida a ideologia *Juche*, presente na Coreia do Norte?
   A] Como uma doutrina originalmente religiosa que virou ideologia política.
   B] Como uma doutrina filosófica budista que virou religião.
   C] Como uma doutrina política que ganhou contornos religiosos gradualmente.
   D] Como uma doutrina política que tem se tornado filosofia de vida e de autoajuda.
   E] Como uma doutrina religiosa budista-marxista de cunho esotérico.

5. Como podemos entender a Igreja Unificada do Reverendo Moon?
   A] Como uma Igreja de inspirações cristã e norte-americana.
   B] Como uma Igreja inspirada nas tradições católicas.
   C] Como uma Igreja neoconfucionista coreana.
   D] Como uma Igreja neoislâmica coreana.
   E] Como uma Igreja progressista, liberal e socialista.

Atividades de aprendizagem

Questões para reflexão

1. Depois assistir ao documentário Budismo, sugerido na seção "Indicações culturais" deste capítulo, reflita sobre que aspectos da cultura tradicional japonesa permanecem preservados na sociedade atual? Registre seus apontamentos.

2. Explique como a história do filme *Primavera, verão, outono, inverno... e primavera*, recomendado na seção "Indicações culturais" deste capítulo, está relacionada com as questões modernas da cultura coreana.

Atividade aplicada: prática

1. Visite comunidades de imigrantes japoneses em sua cidade ou em regiões próximas e pesquise quais são as religiões nipônicas mais difundidas entre elas. Depois, amplie sua pesquisa para outras localidades do país.

RELIGIOSIDADES ASIÁTICAS E OS TRÂNSITOS CULTURAIS

Neste último capítulo, trataremos de alguns fenômenos de apropriação das religiões asiáticas no Ocidente. Nosso conhecimento sobre as tradições orientais desenvolveu-se substancialmente no século XIX, durante o período neocolonialista. Os europeus mantinham e difundiam impressões bastante distorcidas sobre essas culturas, como revelado no basilar estudo intitulado *Orientalismo: a invenção do Oriente pelo Ocidente*, de Edward Said (1998). Todavia, como comentamos no Capítulo 1, George Irwin (2008) destacou que os orientalistas tiveram um papel fundamental em estruturar teorias e métodos de conhecimento sobre as civilizações asiáticas. Eles iniciaram novos campos do saber, como a indologia e a sinologia, e, por isso, lidavam com dificuldades e limitações próprias dos contextos político e cultural da época.

Podemos compreender, com base nesse cenário, que surgiram duas correntes principais de estudos sobre as culturas asiáticas (Bueno, 2004): a acadêmica e o orientalismo esotérico.

A vertente **acadêmica**, baseada nos centros universitários, científicos e governamentais, tinha como propósito construir saberes e instrumentos para promover o diálogo cultural. Em muitos casos, as teorias acadêmicas serviam aos interesses coloniais, criando discursos racialistas e culturalistas com a intenção de subjugar e hierarquizar as relações com as sociedades dominadas. Porém, muitas dessas instituições formaram os primeiros centros profissionais de ensino de línguas e tradições asiáticas, gradualmente mudando o perfil colonialista à medida que aprofundavam suas pesquisas.

De outro lado, a degradação da qualidade de vida com o crescente processo de industrialização, a decepção e o esgotamento com as crenças religiosas praticadas no Ocidente e a busca de um sentido de vida mais espiritualizado, como denunciado pelo filósofo alemão Friedrich Nietzsche (1844-1900), levaram muitos a desenvolver a crença de que os orientais, em um sentido mais amplo, haviam feito uma opção espiritual em detrimento do materialismo. Foi dessa ideia que surgiu o **orientalismo esotérico**, ou simplesmente **esoterismo**, que traduzia o fascínio sobre as religiões e as filosofias asiáticas e projetava nelas uma saída para as angústias existenciais do mundo capitalista. Iniciava-se, assim, o que, no campo da história das religiões, poderia ser identificado como uma "orientalização do Ocidente" (Campbell, 1997). Essa segunda vertente é a que mais no interessa.

8.1 Interesse pelas religiosidades asiáticas

Filósofos como Friedrich Nietzsche (2015), em seu livro *Assim falou Zaratustra*, lançado em 1883, ou Arthur Schopenhauer (1788-1860) desenvolveram um interesse profundo pelas tradições filosóficas orientais, mas não buscaram elaborar qualquer tipo de síntese. Foi no campo da religiosidade que alguns pensadores europeus procuraram formular novas ideias, caracterizando o movimento esotérico – o próprio termo *esoterikós*, em grego, significa "o que é reservado aos iniciados ou especialistas. A palavra, tomada em si, não é pejorativa. Mas passa a ser, legitimamente, se a iniciação mesma for reservada a alguns, especialmente se supõe uma fé prévia. É submeter o universal ao particular, a escola à seita e o espírito ao guru" (Comte-Sponville, 2001, p. 329, tradução nossa). Essa era a sensação de descoberta que autores esotéricos pretendiam transmitir, entendendo que os conhecimentos vindos da Ásia não eram facilmente acessíveis e poderiam transformar a face do Ocidente.

René Guénon (1886-1951) foi um dos principais expoentes dessa visão. Tendo estudado várias tradições diferentes, como o sufismo e o hinduísmo, o autor acreditava firmemente que as filosofias ocidentais haviam entrado em decadência (Guénon, 2010) e que a saída era buscar respostas nas formas religiosas orientais.

> Tomamos, como tema desta exposição, a metafísica oriental; teria sido melhor, talvez, dizer simplesmente a metafísica, sem qualificativos, pois na verdade a metafísica pura, situando-se, por essência, acima e além de todas as formas e todas as contingências, não é nem oriental nem ocidental: é universal. Somente as formas exteriores – com as quais ela se reveste para atender às necessidades de exposição, para exprimir o quanto, nela, seja exprimível – somente tais formas é que podem ser orientais ou ocidentais; mas, sob a diversidade delas, é um fundo idêntico que se reencontra por toda a parte e sempre, ao menos, onde haja metafísica verdadeira, e isto pela simples razão de que a Verdade é uma e única. Se assim é, por que falar especificamente de metafísica oriental? É que, nas condições intelectuais em que se encontra atualmente o mundo ocidental, a metafísica é nele coisa esquecida geralmente ignorada e quase que inteiramente perdida, enquanto que no Oriente ela é, ainda e sempre, objeto de um conhecimento efetivo. Se desejamos saber o que é a metafísica, é portanto ao Oriente que devemos nos dirigir [...]. A superioridade material do Ocidente moderno é incontestável; ninguém a contesta, de fato, mas ninguém a inveja. É preciso ir mais longe: com

esse desenvolvimento material excessivo, o Ocidente arrisca-se a perecer por causa dele, cedo ou tarde, se não se recuperar a tempo, e se não chegar a considerar seriamente o "retorno às origens", segundo uma expressão que é de uso em certas escolas de esoterismo islâmico. (Guénon, 1925)

A vasta obra de Guénon abordou, de forma séria e contínua, os mais diversos tipos de saberes orientais. No entanto, o autor defendeu, muitas vezes, associações de termos, ideias ou conceitos entre tradições diversas, o que ocasionalmente gerou acusações de superficialidade ou imprecisão. Deve-se lembrar, porém, que o nível de conhecimento e de traduções disponíveis, nesse período, era muito menor do que o de hoje. Além disso, as noções tanto orientalistas quanto ocidentalistas estavam em pleno desenvolvimento, influenciando os intelectuais. Frithjof Schuon (1907-1998), profundo leitor de Guénon e estudioso das mesmas tradições, buscou desenvolver essa linha, a partir de então denominada *Sophia Perennis* ("Filosofia Perene"), que, segundo ele, seria o fundamento único de todas as religiões e filosofias metafísicas existentes. Duas de suas obras, *A unidade transcendente das religiões*, de 1948 (Schuon, 2011), e *O esoterismo como princípio e como caminho*, lançada em 1978 (Schuon, 1985), deixavam clara sua intenção de amalgamar as técnicas e os conceitos das religiões orientais, realizando uma releitura ocidentalizada dessas doutrinas.

Schuon não estava sozinho nessa empreitada: seu colega Titus Burckhardt (1908-1984), especialista em arte, buscou promover esse projeto de síntese examinando as expressões artísticas sagradas de diversas culturas em *Principes et méthodes de l'art sacré*, de 1958 – no Brasil, *A arte sagrada no Oriente e no Ocidente* (Burckhardt, 2015). Não por acaso, ele apresentava e analisava símbolos e imagens islâmicas, indianas e chinesas e, por fim, o que considerava ser a decadência da arte cristã, para a qual a renovação viria do Oriente. De certa forma, Burckhardt conjugava as visões de Nietzsche, Guenón e Schuon.

Autores como Richard Wilhelm (1873-1930), Heinrich Zimmer (1890-1943), Aldous Huxley (1894-1963) e John Blofeld (1913-1987) se distanciaram um pouco dessa proposta perenialista, mas não foram menos fascinados pelas culturas asiáticas. Huxley, por exemplo, foi quem renovou o uso da expressão *filosofia perene* em seu livro homônimo de 1945 (Huxley, 2010), no qual expressa seu interesse nesse diálogo com as filosofias orientais, de forma mais pragmática. Por sua vez, Zimmer (2015) foi um profundo estudioso das filosofias indianas, buscando, contudo, investigá-las de forma direta, ao passo que Wilhelm foi um missionário alemão na China que se encantou com o daoísmo e realizou uma das melhores traduções do *Yijing* (o *Tratado das mutações*, publicado no Brasil em 1986) e do sábio chinês Laozi, sendo referência até os dias atuais. Por fim, Blofeld também viveu na China e, no mesmo sentido, produziu um bom número de obras sobre o budismo e o daoísmo, revelando aspectos da alquimia daoísta (Blofeld, 1982).

Essas iniciativas foram muito importantes, pois constituíram uma produção relativamente confiável, mesmo não sendo acadêmica. Esses autores serviriam muitas vezes (ainda que involuntariamente) como fontes para discursos como o da contracultura nas décadas de 1960 e 1970, como veremos adiante.

8.2 A teosofia

Embora o termo *teosofia* ("sabedoria divina") não fosse novo, ele praticamente virou sinônimo de uma nova religião, fundada em 1875 pela escritora e mística russa Helena Blavatsky (1831-1890). A teosofia buscava corporificar a síntese das doutrinas orientais e ocidentais em uma nova forma de culto, fortemente inspirada no budismo e no hinduísmo. Blavatsky se iniciara no espiritismo, mas optou por seguir as trilhas do ocultismo e do misticismo oriental, reproduzindo o argumento da unicidade fundamental dos saberes religiosos. Em 1888, lançou o livro-chave da teosofia, *A doutrina secreta* (Blavatsky, 2001), no qual estruturou uma cosmogonia teosófica da origem dos povos e das religiões e os caminhos para a revelação dos conhecimentos herméticos. A teosofia foi muito bem recebida no final do século XIX como uma alternativa intelectual e esotérica às religiosidades tradicionais, como uma "tradução do oriental" para os crentes desconsolados do Ocidente.

Todavia, o movimento enfrentou duras críticas e rompimentos: Peter Washington (2000) relata, por exemplo, as acusações de fraude no âmbito das práticas teosóficas e a pouca confiabilidade de suas fontes. Além disso, um dos principais expoentes da doutrina, o indiano Jiddu Krishnamurti (1895-1986), rompeu com a Sociedade Teosófica, denunciando suas imposturas éticas e religiosas. Seja como for, a teosofia conquistou um relevante número de adeptos, que mantêm ativos os estudos e a crença no trabalho de síntese mística realizado por Blavatsky. No Brasil, a Sociedade Teosófica tem uma presença marcante, como indicado por Afiune (2018).

Mais complicado, entretanto, é o caso de Cyril Hoskins (1910-1980), autor inglês que afirmava ser um guru e monge tibetano chamado Lobsang Rampa. Embora não tivesse ligação com a teosofia, Hoskins aproveitou a onda de fascínio orientalista na Inglaterra do início do século XX. Dono de uma profícua obra em que descreve o misticismo, as práticas mágicas, os poderes sobrenaturais e as aventuras iniciáticas vividas por ele no Tibete e em partes da Ásia, seu sucesso literário ensejou a criação de uma seita com seguidores que o consideravam um verdadeiro mestre oculto. A descoberta de sua real identidade bem como de pontos controversos de suas narrativas indica a criação de uma obra evidentemente ficcional. No entanto, Lobsang Rampa continuou a ser referência sobre estudos tibetanos em muitos centros do movimento Nova Era, o que mostra ainda um profundo desconhecimento sobre as tradições asiáticas.

8.3 Contracultura e Nova Era

Em torno das décadas de 1960 e 1970, um novo fluxo de contatos se estabeleceu entre o Ocidente e os países asiáticos já independentes. Foi o período de surgimento do movimento *hippie*, que pretendia um rompimento com a cultura e a política tradicionais eurocentradas e buscava alternativas filosóficas para a criação de uma nova proposta existencial. Houve um interesse renovado pelas tradições religiosas "orientais", e muitos viajantes independentes foram para a Índia – e, em menor escala, para outros países asiáticos – para aprender mais sobre o budismo, o hinduísmo e outras doutrinas locais.

Como mencionamos anteriormente, já havia uma literatura disponível sobre esses projetos de síntese, representada pelos perenialistas; porém, as motivações para as viagens existenciais envolviam o desejo de absorver conhecimento sem mediações e até mesmo produzir novos "modos de vida" com base nessas experiências. Essa postura determinou, em grande parte, os deslocamentos e as reconstruções epistemológicas derivadas do diálogo simbólico com as culturas asiáticas. Um dos grandes mentores desse projeto de contracultura foi o filósofo Alan Watts (1915-1973), que fez uma abordagem psicologizada do zen-budismo, propondo interpretações e adequações ao entendimento de práticas de meditação e de ioga, entre outras (Watts, 2002a, 2002b). O autor apoiava uma releitura de expressões da religiosidade budista, daoísta e hinduísta, elaborando o que entendia ser uma cosmovisão crítica dos problemas éticos e culturais vividos pelas sociedades ocidentais. Preocupações com questões ecológicas já se delineavam também em suas obras, anunciando um importante elemento nos discursos intelectuais das décadas vindouras.

O problema dessa grade de leitura promovida pela contracultura foi, entretanto, a fragmentação dos saberes asiáticos e, em alguns casos, o reforço da estereotipização. Githa Metha (1999), em seu livro *Carma-Cola: o marketing do Oriente místico*, desenvolve uma apreciação importante sobre como os ocidentais, em busca dos conhecimentos "esotéricos" orientais, acabaram deturpando uma série de práticas e ideias indianas, de tal forma que muitas praticamente foram recriadas no Ocidente.

Um caso clássico dessa fragmentação é a ioga. Existem vários sistemas denominados *ioga* na Índia, e todos estão intimamente vinculados à prática de uma crença específica. Todavia, no Ocidente, a ioga foi gradualmente desapropriada de seu caráter religioso, transformando-se em uma prática física. Consequentemente, as tentativas de retomar os princípios religiosos que a fundamentam acabam criando novas interpretações, como no caso de propor a própria ioga como uma forma de religiosidade ou fazer associações inadequadas, como "ioga zen", pela qual se pretende unir uma tradição indiana e outra japonesa em uma única expressão, de forma totalmente superficial e estereotipada.

O mesmo pode ser dito em relação às artes marciais e à medicina tradicional chinesa. Embora, na China, elas sejam compreendidas como práticas independentes de religiosidades – o caso de Shaolin é uma exceção –, no Ocidente, elas foram intimamente associadas ao budismo, ao daoísmo e ao confucionismo, de tal forma que não é raro encontrar clínicas ou academias com altares religiosos para uma composição estética efetiva do ambiente.

Os movimentos contraculturais diminuíram sensivelmente após a década de 1970, apesar de terem colaborado significativamente para a renovação dos estudos acadêmicos sobre a sociedade e a cultura orientais. Contudo, na década de 1990, após o colapso da União Soviética e o aparente fim da luta entre o comunismo e o capitalismo, abriu-se um vácuo ideológico, e as orientações políticas começaram a ser preenchidas por visões culturais e religiosas. O aparecimento de hipóteses como o **fim da história**, de Francis Fukuyama (1992) – que defendia o triunfo total da democracia liberal no futuro da humanidade –, contribuíam, de certa forma, para a criação de um panorama incerto sobre a expressão das religiosidades. Começou-se a acreditar, nesse contexto, que a liberdade religiosa poderia ser contraposta a versões fundamentalistas, que tinham a pretensão de retomar o controle político do Estado.

Na Europa e nas Américas, um fenômeno destacado foi a retomada do interesse esotérico, caracterizando o movimento da **Nova Era** (Magnani, 2000). O termo já surgira vinte anos antes, durante o período *hippie*; seu formato na década de 1990, porém, era totalmente diferente. Os expoentes da Nova Era eram especialistas esotéricos, que alegavam ter um vasto conhecimento sobre as mais diversas práticas e religiosidades. Seu objetivo era proporcionar uma resposta espiritual aos dilemas e aos desafios contemporâneos da humanidade, a qual estaria desorientada pela perda de seus paradigmas políticos e culturais tradicionais. Nesse sentido, os mestres desse movimento aprofundaram a fragmentação problemática das técnicas e das crenças asiáticas e realizaram uma fusão superficial dessas doutrinas com suas congêneres ocidentais.

Em casas ou centros esotéricos, que surgiram em profusão nesse período, encontravam-se os mais diversos cursos de ioga, *taijiquan*, *ikebana*, tarô, astrologia, jogo de búzios, uso terapêutico de cristais, fitoterapia, magia *wicca*, budismo, daoísmo e outras práticas. Uma marca distintiva dessas entidades era a apropriação dos saberes tradicionais, ao mesmo tempo que refutavam sistematicamente as instituições religiosas, tidas como representantes de um pensamento arcaizante e retrógrado.

Com poucas exceções, os integrantes da Nova Era souberam devidamente mercantilizar seus conhecimentos, e seus sistemas eram marcados por associações superficiais de símbolos e crenças. Eles obtiveram uma expressiva presença na mídia e nos meios artísticos, mas desapareceram gradualmente do cenário cultural, com a retomada das religiões tradicionais nos panoramas social e político. Muitas das técnicas oraculares e "científicas" difundidas pelos defensores da Nova Era são hoje definidas como *pseudociências*.

8.4 Estudos das religiosidades asiáticas no Brasil

Para finalizarmos nossa abordagem, julgamos interessante assinalar alguns estudos realizados por brasileiros, ao longo do século XX, sobre as religiosidades e as filosofias asiáticas. Quanto à produção observada no século XXI, cabe observar que, após a globalização das culturas e a difusão da internet, o número de trabalhos sobre esses temas, bem como sua especialização, ampliou-se significativamente nos meios universitários nacionais. Em séculos anteriores, no entanto, o trabalho de conhecer as religiões asiáticas era praticamente uma iniciativa pessoal e isolada, cuja receptividade era bastante variada. Para termos uma ideia, desde o século XIX, por exemplo, eruditos como o imperador Dom Pedro II construíram um interesse legítimo pelo Oriente, mas esse mesmo interesse não teve uma continuidade acadêmica constante (Maffra; Stallaert, 2016).

No século XX, um dos primeiros tradutores sérios da religiosidade indiana no Brasil foi o escritor e intelectual Raul Xavier, que, nas décadas de 1960 e 1970, publicou as obras *Os Vedas* (Xavier, 1969) e *Os Upanichadas* (Xavier, 1972), as primeiras versões desses textos no país. Embora não dominasse as línguas indianas, Xavier fez uma cuidadosa tradução de versões francesas, apresentando um material confiável e inédito. Antes dele, somente uma tradução da obra de Lin Yutang (1895-1976), *Sabedoria da China e da Índia*, lançada em 1945, apresentava passagens dos pensamentos chinês e indiano. Apesar de as traduções serem feitas por renomados literatos brasileiros, nenhum deles se considerava especialista em uma dessas civilizações.

Uma figura de destaque foi Huberto Rohden (1893-1981), filósofo e teólogo conhecido internacionalmente. Preocupado em construir um método de diálogo inter-religioso ecumênico com as sabedorias asiáticas – que foi denominado de *espiritualismo universalista* ou *filosofia univérsica* –, Rohden publicou traduções originais do *Bhagavad-Gita*, do *Daodejing*, de Laozi, e de uma obra central, *O espírito da filosofia oriental*, lançada em 1960, na qual o autor reuniu diversas palestras que realizara em 1946 nos Estados Unidos. Privilegiando os conceitos fundamentais do hinduísmo e do budismo, o livro fazia uma apresentação bastante elucidativa do pensamento indiano, constituindo uma obra inédita na literatura religiosa brasileira.

Outro autor importante foi Murillo Nunes de Azevedo (1920-2007), escritor e pesquisador com aprofundado envolvimento com as religiosidades asiáticas. Integrante da teosofia, tornou-se depois monge budista da Ordem Terra Pura, produzindo uma série de obras sobre filosofia oriental. Alguns de seus trabalhos são considerados de orientação esotérica, indo em direção similar à das ideias de Frithjof Schuon. Em 1973, Azevedo publicou uma obra basilar, *O olho do furacão* (relançada em 1982 como *O pensamento do Extremo Oriente*), em que apresenta as principais correntes dos pensamentos indiano e chinês.

Antonio Renato Henriques, estudioso dessas mesmas tradições, publicou, em 1991, o livro *Introdução ao orientalismo*, no qual, na primeira parte, discorria sobre a China, a Índia e o Japão e, na segunda parte, traçava uma importante relação entre as filosofias da Ásia e sua contribuição para o pensamento ocidental. Henriques relançou o livro em 2001 com o título *Iniciação ao orientalismo*, incluindo uma análise sobre o Tibete e retirando da obra a segunda parte original. Sua abordagem privilegia um olhar teológico sobre as religiosidades estudadas, fornecendo um quadro bastante esclarecedor sobre elas.

No campo da ioga, provavelmente o mais destacado e importante mestre no Brasil foi José Hermógenes de Andrade Filho (1921-2015), conhecido como Professor Hermógenes, que começou a ensinar a técnica na década de 1960. Autor de inúmeras obras sobre o tema, Hermógenes implantou uma abordagem cuidadosa e sistemática sobre a ioga no país, sendo reconhecido como um profissional sério e um grande humanista. Apesar de desenvolver uma perspectiva multirreligiosa, Hermógenes encontrou uma vinculação profunda com a Sociedade Sai Baba, da qual se tornou representante oficial. Tanto a aceitação quanto a popularização da ioga no Brasil são devedoras diretas de seu dedicado e respeitável trabalho.

Mais recentemente, Carlos Alberto Tinoco, professor de engenharia e física, tem realizado um trabalho de apresentação atualizada das filosofias e das religiões indianas no Brasil. Além da tradução de textos sagrados, obras como *O pensamento védico*, de 1989, e *História das filosofias da Índia*, de 2017, são leituras fundamentais para iniciar um estudo mais aprofundado em indologia. Um autor que vale ser citado é Jesualdo Correia, provavelmente um dos últimos viajantes do mundo asiático antes da globalização mundial. Jesualdo foi um dos poucos brasileiros que estudaram na Índia e por isso conta com um vasto conhecimento sobre diversos campos da filosofia e da literatura daquele país. Entre artigos científicos e livros produzidos, ele relatou suas viagens pela Ásia em *Pelas trilhas do Oriente*, lançado em 1997, uma descrição importante sobre as religiosidades da Índia, da China e de outros países antes da década de 1990.

Essa relação não seria completa sem a menção ao trabalho de Ricardo Mário Gonçalves, ex-professor de história da Universidade de São Paulo (USP) e missionário budista, cuja produção sobre o budismo e a cultura japonesa é referencial no Brasil. Entre muitos de seus escritos, *Textos budistas e zen-budistas*, de 1976, destacou-se como uma fonte de fragmentos literários sobre a história e a religião das tradições búdicas. Uma de suas muitas qualidades é estabelecer um diálogo entre as produções acadêmicas e um público leitor mais amplo, cujo acesso às leituras e às práticas do zen encontra um caminho seguro em sua obra.

No campo das tradições chinesas, Mario Bruno Sproviero, igualmente ex-professor da USP, realizou importantes trabalhos sobre o diálogo entre Oriente e Ocidente. Tendo estudado chinês em Taiwan, seu conhecimento ímpar nesse idioma permitiu que fizesse a primeira tradução absolutamente original do *Daodejing*, de Laozi, para o português, lançada em 2005, demarcando um novo patamar para os conhecimentos sinológicos no Brasil.

Indicação cultural

Livro

CAPRA, F. **O tao da física**: uma análise dos paralelos entre a física moderna e o misticismo oriental. São Paulo: Pensamento, 2011.

Nessa obra, Fritjof Capra busca traçar um paralelo entre as filosofias indiana e chinesa e a física moderna ocidental. Para ele, muitas ideias científicas atuais podem ser encontradas nas antigas tradições asiáticas.

Síntese

Como pudemos perceber neste capítulo, a recepção das religiosidades orientais no Ocidente se estabeleceu gradualmente, oscilando entre o preconceito e o fascínio ingênuo e superficial. Mesmo assim, autores ocidentais com um vivo interesse nesses saberes acabaram realizando interpretações originais, profundas e de grande valia para a ampliação dos estudos dessas doutrinas.

Esses movimentos, que começaram com a teosofia, espalharam-se na época da contracultura e culminaram no movimento da Nova Era, o que os fez reverberar entre os brasileiros, que produziram escritos importantes para a compreensão das muitas religiosidades orientais.

Atividades de autoavaliação

1. Com relação ao esoterismo, é correto afirmar:
   A] Ele nasceu de uma decepção com o modo de vida ocidental e de um fascínio imaginário com as tradições asiáticas.
   B] Ele surgiu do interesse em construir uma nova sabedoria que envolvesse Ocidente e Oriente, como as novas religiosidades orientais.

c) Ele veio do interesse orientalista das sabedorias afro-asiáticas, que pretendiam revelar esses pensamentos para o mundo.

d) Ele sempre fez parte do conhecimento religioso, baseando-se em uma intepretação exata das ortodoxias.

e) Ele sempre fez parte dos cultos de mistérios, sem o propósito de explicar o significado oculto das religiões.

2. Assinale a alternativa que apresenta uma característica da Nova Era:

a) É marcada por um conhecimento aprofundado das tradições asiáticas.

b) É marcada por um conhecimento fragmentado e por uma ressignificação de saberes das mais diversas procedências.

c) É marcada por um conhecimento acadêmico do Oriente em suas múltiplas manifestações.

d) É marcada por um conhecimento esotérico profundo, produzido por especialistas qualificados.

e) É definida pelas práticas religiosas nativas, que ressignificaram o entendimento de saberes tradicionais ocidentais.

3. Como pode ser caracterizada a teosofia?

a) Trata-se de um movimento religioso baseado em teorias acadêmicas orientais.

b) Trata-se de um movimento religioso baseado em teorias esotéricas islâmico-indianas.

c) Trata-se de um movimento religioso e filosófico que conjugava saberes indianos e ocidentais.

d) Trata-se de um movimento filosófico ateísta-orientalista.

e) Trata-se de um movimento religioso e filosófico baseado em crenças monoteístas cristãs de influência indiana.

4. A contracultura trouxe uma interpretação acerca das religiosidades orientais que privilegiava:
   A) seu entendimento segundo as linhas mais puristas e ortodoxas.
   B) sua compreensão segundo uma linha despreocupada com suas origens e com suas práticas autênticas.
   C) uma releitura desses saberes de acordo com o contexto de contestação cultural vigente.
   D) uma saída salvacionista.
   E) uma renovada leitura acadêmico-filosófica orientalista das religiões orientais.

5. Sobre o estudo das religiosidades asiáticas no Brasil, é correto afirmar:
   A) Não houve qualquer iniciativa em compreender essas culturas e religiões.
   B) Houve autores de relevo, que buscaram apresentar esses saberes para a sociedade brasileira.
   C) Houve um estudo acadêmico aprofundado, baseado em grandes redes estratégicas universitárias.
   D) Houve um estudo superficial, por parte de alguns autores esotéricos, sem a preocupação com um maior aprofundamento.
   E) Houve um estudo profundo, que criou escolas de pensamento patrocinadas por denominações religiosas estrangeiras.

Atividades de aprendizagem

Questões para reflexão

1. Depois de ler o livro *O tao da física*, de Fritjof Capra, recomendado na seção "Indicações culturais" deste capítulo, reflita sobre em que medida a abordagem da obra reproduz (ou não) ideias esotéricas. Não estaria o autor apresentando ideias fragmentadas das filosofias orientais?

2. Atualmente, a ioga tem sido objeto de muitas publicações e até de CDs de música lançados nos Estados Unidos com faixas para meditação da "ioga zen". Em que medida esse tipo de material reproduz estereótipos esotéricos orientais?

Atividade aplicada: prática

1. Escolha uma região próxima a sua casa e identifique elementos religiosos orientais presentes em lojas, bares, restaurantes, ambientes de trabalho ou mesmo nas roupas e nos acessórios das pessoas. Analise quais são originais e quais estão fora de contexto – por exemplo, uma pequena estátua que alguém coloca como decoração sem saber do que se trata. Registre quais desses símbolos estão disseminados em nossa cultura, mas desprovidos de seu caráter sagrado ou investidos de interpretações religiosas bem distintas das originais.

CONSIDERAÇÕES FINAIS

Como vimos ao longo de nosso estudo, o amplo conjunto de releituras de antigas tradições revela que a contemporaneidade tem sido profícua no processo de aproximação religiosa, o que resulta, muitas vezes, em sistemas híbridos. A apropriação de símbolos, conceitos e teorias ocorre em vários sentidos, que oscilam desde um vívido interesse religioso até uma interferência direta em questões políticas.

No caso das religiosidades orientais, a retomada das tradições tem sido permeada por tensões modernas, envolvendo não apenas o caráter de resgate, mas também o aspecto de renovação espiritual nas sociedades. Embora bastante diferentes entre si, os movimentos de transformação religiosa que envolvem as diversas regiões orientais se aproximam em função de algumas linhas norteadoras, como a questão do ocidentalismo, a contestação das hegemonias políticas pós-coloniais e a atração por construir fusões originais com teorias e ideias de diversas fontes.

As religiosidades asiáticas estão gradualmente se projetando para fora de seus contextos culturais originais, o que representa um desafio para o planeta como um todo. O fenômeno da globalização, muitas vezes criticado por essas próprias tradições, tem servido diretamente para essa divulgação, que encontra acolhidas das mais variadas. O impacto dessas culturas tem forçado uma revisão da grade de leitura orientalista, usada por mais de um século para situar desfavoravelmente as sociedades orientais em uma hierarquia cultural imaginada.

Torna-se indispensável, pois, que o pretendente a especialista no campo dos estudos religiosos ou mesmo das ciências humanas em geral tome consciência da vastidão e da complexidade de tradições religiosas que compõem mais da metade do mundo. O Oriente – com todas as problemáticas conotações que esse termo carrega – continua a ser uma importante fronteira cujo estudo precisa ser aprofundado para a construção de novos conhecimentos. Uma epistemologia alternativa, não eurocêntrica, tal como a proposta por Boaventura de Sousa Santos, é necessária (Santos; Meneses, 2009b) – e está surgindo do fértil contato cultural com as civilizações asiáticas.

REFERÊNCIAS

ACHCAR, G. O impasse saudita no Oriente Médio. **Le Monde Diplomatique Brasil**, n. 128, 2 mar. 2018. Disponível em: <https://diplomatique.org.br/o-impasse-saudita-no-oriente-medio/>. Acesso em: 9 set. 2020.

ADLE, C. **History of Civilizations of Central Asia**. New York: Unesco, 2005. v. 6: Towards the Contemporary Period: from the Mid-Nineteenth to the End of the Twentieth Century.

ADLER, J. **Religiões da China**. Lisboa: Edições 70, 2002. (Religiões do Mundo).

AGRAWAL, M. **Indira Gandhi**. Nova Delhi: Diamond Pocket Books, 2005.

AFARY, J.; ANDERSON, K. B. **Foucault e a revolução iraniana**. São Paulo: É Realizações, 2011.

AFIUNE, P. de S. Do Oriente ao Ocidente: a Sociedade Teosófica Brasileira e o neoesoterismo em Brasília. **Revista Mosaico**, v. 11, p. 78-90, 2018. Disponível em: <http://seer.pucgoias.edu.br/index.php/mosaico/article/view/6021/pdf_1> Acesso em: 22 set. 2020.

ALI, M. Islam in Modern Southeast Asian History. In: OWEN, N. (Org.). **Routledge Handbook of Southeast Asian History**. London: Routledge, 2014. p. 213-223

AMBEDKAR, B. R. **The Buddha and His Dhamma**. Oxford: Oxford University Press, 2011.

APPLE, M. W. Produzindo diferença: neoliberalismo, neoconservadorismo e a política de reforma educacional. **Linhas Críticas**, v. 21, n. 46, p. 606-644, set./dez. 2015. Disponível em: <https://periodicos.unb.br/index.php/linhascriticas/article/view/4684/4275>. Acesso em: 9 set. 2020.

AVERY, P. et al. **The Cambridge History of Iran**. Cambridge: Cambridge University Press, 1991a. v. 6.

AVERY, P. et al. **The Cambridge History of Iran**. Cambridge: Cambridge University Press, 1991b. v. 7.

AZEVEDO, M. S. de. **Iniciação ao islã e sufismo**. São Paulo: Record, 2001.

AZEVEDO, M. **Mística islâmica**. Petrópolis: Vozes, 2000.

AZEVEDO, M. N. de. **O pensamento do Extremo Oriente**. São Paulo: Pensamento, 1982.

AZIZE, J. **An Introduction to the Maronite Faith**. Brisbane: Connor, 2017.

BAHA'I PUBLISHING. **Spirit of Faith**: the Oneness of Religion. Baha'i Publishing: Illinois, 2011.

BELL, D.; CHAIBONG, H. **Confucianism for the Modern World**. Cambridge: Cambridge University Press, 2003.

BEY, E. **Blood and Oil in the Orient**. London: Grayson & Grayson, 1931.

BLAVATSKY, H. **A doutrina secreta**. São Paulo: Pensamento, 2001.

BLOFELD, J. **Taoísmo, o caminho para a imortalidade**. São Paulo: Pensamento, 1982.

BOFF, L. (Org.). **China**: harmonia dos contrários. Petrópolis: Vozes, 1982.

BOFF, L. (Org.). **China e cristianismo**. Petrópolis: Vozes, 1979.

BORROW, G. **The Turkish Jester or, The Pleasantries of Cogia Nasr Eddin Effendi**. Ipswich: W. Webber; Dial Lane, 1884.

BUDA. **Colocando a roda do Dhamma em movimento = Dhammacakkappavattana Sutta**. [S.d.]. Disponível em: <https://www.acessoaoinsight.net/sutta/SNLVI.11.php>. Acesso em: 20 out. 2020.

BUENO, A. Buda, discípulo de Laozi: a controvérsia da "conversão dos bárbaros" e a recepção do budismo na China. **Revista Brasileira de História das Religiões**, Maringá, v. 6, n. 17, p. 53-73, set. 2013a. Disponível em: <http://periodicos.uem.br/ojs/index.php/RbhrAnpuh/article/view/23546/12742>. Acesso em: 17 set. 2020.

BUENO, A. **Cem textos de história antiga**. União da Vitória: Projeto Orientalismo, 2011a.

BUENO, A. (Org.). **Cem textos de história indiana**. União da Vitória: Projeto Orientalismo, 2011b.

BUENO, A. Confucionismo e cristianismo em Qufu: embate ou diversidade cultural? In: SIMPOSIO ELECTRÓNICO INTERNACIONAL SOBRE POLÍTICA CHINA, 5., 2015a. **Anais**... Disponível em: <http://www.asiared.com/es/downloads2/15_2-s_andre_bueno.pdf>. Acesso em: 20 out. 2020.

BUENO, A. Introdução ao estudo da história asiática. **Nethistória**, Brasília, v. 1, p. 3-10, 2004.

BUENO, A. Tempo e história na China Antiga. **Nearco**, n. 1, p. 25-43, 2013b.

BUENO, A. Yungang: um Buda chinês para os romanos. **Mirabilia Ars**, n. 2, v. 1, p. 36-57, jan./jul. 2015b. Disponível em: <https://www.revistamirabilia.com/sites/default/files/ars/pdfs/02-03.pdf>. Acesso em: 17 set. 2020.

BURCKHARDT, T. **A arte sagrada no Oriente e no Ocidente**. São Paulo: Attar, 2015.

BURUMA, I.; MARGALIT, A. **Ocidentalismo**: o Ocidente aos olhos de seus inimigos. Rio de Janeiro: Zahar, 2006.

CAMPBELL, C. A orientalização do Ocidente: reflexões sobre uma nova teodiceia para um novo milênio. **Religião e Sociedade**, Rio de Janeiro, v. 18, n. 1, p. 5-21, 1997.

CHAN, C. S-C. The Falun Gong in China: a Sociological Perspective. **The China Quarterly**, n. 179, p. 665-683, sept. 2004.

CHENG, A. **Etude sur le confucianisme Han**: l'élaboration d'une tradition exégétique sur les classiques. Paris: Institute des Hautes Études Chinoises, 1985.

CHESNEAUX, J. **A Ásia Oriental nos séculos XIX e XX**. São Paulo: Pioneira, 1976.

CHETERIAN, V. O novo "grande jogo". **Le Monde Diplomatique Brasil**, 1° nov. 2001. Disponível em: <https://diplomatique.org.br/o-novo-grande-jogo/>. Acesso em: 16 out. 2020.

CHINA. **Constituição (1982)**. Pequim, 4 dez. 1982. Disponível em: <http://www.gov.cn/guoqing/2018-03/22/content_5276318.htm>. Acesso em: 16 set. 2020.

CHRYSSIDES, G. **The Advent of Sun Myung Moon:** the Origins, Beliefs and Practices of the Unification Church. London: MacMillan, 1991.

CHWEE, H. Confucianism and Nation Building in Singapore. **International Journal of Social Economics**, v. 16, n. 8, p. 5-16, 1st Aug. 1989.

CLARKE, P. **Japanese New Religions in Global Perspective.** Richmond: Curzon, 2000.

CLARKE, P. Japanese New Religious Movements in Brazil: from Ethnic to 'Universal' Religions. In: WILSON, B.; CRESSWELL, J. (Org.). **New Religious Movements**: Challenge and Response. London: Routledge, 1999. p. 197-211

COGGIOLA, O. **A Revolução Iraniana**. São Paulo: Ed. da Unesp, 2008.

COGGIOLA, O. **Islã histórico e islamismo político.** São Paulo: Icarabe, 2007.

COMTE-SPONVILLE, A. **Dictionnaire philosophique.** Paris: Presses Universités de France, 2001.

COWARD, H. (Ed.). **Modern India Responses to Religious Pluralism.** California: Suny Press, 1987.

DALAI LAMA. **O apelo do Dalai Lama ao mundo:** a ética é mais importante que a religião. São Paulo: Beneveto, 2015.

DANIÉLOU, A. **Shiva e Dioniso**: a religião da natureza e do Eros. São Paulo: M. Fontes, 1989.

DELLAPERGOLA, S. **Jewish Demographic Policies.** Jerusalem: JPPI, 2011.

DEMANT, P. **O mundo mulçumano.** São Paulo: Contexto, 2013.

DERSHOWITZ, A. **Em defesa de Israel**: uma visão ampla dos conflitos no Oriente Médio. Tradução de Mario R. Krausz. São Paulo: Nobel, 2004.

DESHIMARU, T. **A tigela e o bastão.** São Paulo: Pensamento, 1983a.

DESHIMARU, T. **O anel do caminho.** São Paulo: Pensamento, 1983b.

DUSSEL, E. **Teologia da Libertação**: um panorama do seu desenvolvimento. Petrópolis: Vozes, 1999.

ENDERLIN, C. Israel torna-se uma "etnocracia". **Le Monde Diplomatique Brasil**, n. 134, 31 ago. 2018. Disponível em: <https://diplomatique.org.br/israel-torna-se-uma-etnocracia/>. Acesso em: 10 set. 2020.

FARAH, P. D. E. A Primavera Árabe no Machreq, Maghreb e Khalíj: motivações e perspectivas. **Política Externa**, São Paulo, v. 20, n. 1, p. 45-55, jun./jul./ago. 2011.

FARAH, P. D. **O islã**. São Paulo: Publifolha, 2001. (Folha Explica)

FAIRBANK, J.; TENG, S.-Y. **China's Response to the West**. Harvard: Harvard University Press, 1979.

FEUCHTWANG, S. **La metáfora imperial**: religión popular en China. Madrid: Ediciones Bellaterra, 1999.

FISK, R. **Pobre nação**: as guerras do Líbano no século XX. São Paulo: Record, 2007.

FONSECA, C. A. Índia, uma história crítica. **Organon**, Porto Alegre, n. 27, p. 207-220, jul./dez. 1999. Disponível em: <https://seer.ufrgs.br/organon/article/viewFile/30437/18876>. Acesso em: 19 out. 2020.

FOTTORINO, E. (Org.). **Quem é o Estado Islâmico?** São Paulo: Autêntica, 2016.

FRANCIA, L. **History of the Philippines**: from Indios Bravos to Filipinos. New York: Overlook, 2014.

FRAWLEY, D. **Awaken Bharata**: a Call for India's Rebirth. Bloomsbury: Bloomsbury Publishing, 2018a.

FRAWLEY, D. **What is Hinduism?**: a Guide for the Global Mind. Bloomsbury: Bloomsbury Publishing, 2018b.

FUKUYAMA, F. **O fim da história e o último homem**. Rio de Janeiro: Rocco, 1992.

FUKUZAWA, Y. Goodbye Asia. In: LU, D. J. (Org.). **Japan**: a Documentary History – the Late Tokugawa Period to the Present. Armonk, NY: M. E. Sharpe, 1996. p. 351-353

GAER, J. **A sabedoria das grandes religiões**. São Paulo: Cultrix, 1965.

GANDHI, M. **Autobiografia**: minha vida e minhas experiências com a verdade. Tradução de Humberto Mariotti et al. São Paulo: Palas Athena, 2019.

GERNET, J. **Primeras reacciones chinas al cristianismo**. Ciudad de México: Fondo de Cultura Económica, 1989.

GIBSON, D.-M.; BERG, H. (Ed.). **New Perspectives on the Nation of Islam**. London: Routledge, 2017.

GONÇALVES, R. M. **Textos budistas e zen-budistas**. São Paulo: Cultrix, 1976.

GOSWAMI, S. D. **Prabhupada**: um santo do século XX. São Paulo: The Bhaktivedanta Book Trust, 2014.

GRAYSON, J. **Korea**: a Religious History. London: Routledge, 2002.

GRESH, A. O grande medo da Arábia Saudita. **Le Monde Diplomatique Brasil**, n. 82, 5 maio 2014. Disponível em: <https://diplomatique.org.br/o-grande-medo-da-arabia-saudita/>. Acesso em: 19 out. 2020.

GRIFFITHS, J. Is the Lady Listening? Aung San Suu Kyi Accused of Ignoring Myanmar's Muslims. **CNN Journal**, 25 Nov. 2016.

GROSFOGUEL, R. Para descolonizar os estudos de economia e os estudos pós-coloniais: transmodernidade, pensamento de fronteira e colonialidade global. In: SANTOS, B. de S.; MENESES, M. P. (Org.). **Epistemologias do sul**. Coimbra: Almedina, 2009. p. 383-417

GRUZINSKI, S. **O pensamento mestiço**. São Paulo: Companhia das Letras, 2001.

GUÉNON, R. **A metafísica oriental**. 1925. Conferência proferida na Universidade de Sorbonne. Disponível em: <http://www.reneguenon.net/GUENONtextos/IRGETGuenonMetafisicaOriental.html>. Acesso em: 22 set. 2020.

GUÉNON, R. **Introdução geral ao estudo das doutrinas hindus**. São Paulo: Irget, 2010.

GUTIÉRREZ, G. **Teologia da Libertação**. São Paulo: Loyola, 2000.

HALL, S. **A identidade cultural na pós-modernidade**. Rio de Janeiro: DP&A, 2004.

HANSEN, A. Modern Buddhism in Southeast Asia. In: OWEN, N. (Org.). **Routledge Handbook of Southeast Asian History**. London: Routledge, 2014. p. 224-234

HAWKINS, B. **Budismo**. Madrid: Akal, 2003.

HERRIGEL, E. **A arte cavalheiresca do arqueiro zen**. São Paulo: Pensamento, 1989.

HERSHOCK, P. **Chan Buddhism**. Honolulu: University of Hawaii Press, 2005.

HO TAI, H.-T. **Millenarianism and Peasant Politics in Vietnam**. Cambridge: Harvard University Press, 1983.

HOBSBAWM, E. J. **A era dos impérios (1875-19140)**. Tradução de Sieni Maria Campos e Yolanda Steidel de Toledo. Rio de Janeiro: Paz e Terra, 1988.

HOSKINS, J. A. **What are Vietnam's Indigenous Religions?**. Kyoto: Center for Southeast Asian Studies; Kyoto University, 2012.

HOSSEINI, K. **O caçador de pipas**. Tradução de Maria Helena Rouanet. Rio de Janeiro: Nova Fronteira, 2005.

HOURANI, A. **O pensamento árabe na era liberal**: 1798-1939. Rio de Janeiro: Companhia das Letras, 2005.

HOURANI, A. **Uma história dos povos árabes**. Rio de Janeiro: Companhia das Letras, 1994.

HUXLEY, A. **A filosofia perene**. Rio de Janeiro: Globo, 2010.

IRWIN, R. **Pelo amor ao saber**: os orientalistas e seus inimigos. Tradução de Waldea Barcellos. São Paulo: Record, 2008.

JACOB, S.; TULLY, M. **Amristar**: Mrs. Gandhi's Last Battle. Michigan: J. Cape, 1985.

JACQ-HERGOUALC'H, M. **The Malay Peninsula**: Crossroads of the Maritime Silk-Road (100 Bc-1300 Ad). Leiden: Brill, 2002.

JIANG, Q. 我所理解的儒学. 2006. Disponível em: <http://www.confuchina.com/01%20zong%20lun/wo%20lijie%20de%20ruxue.htm>. Acesso em: 22 set. 2020.

JIANG, Q.; BELL, D. **A Confucian Constitutional Order**: How China's Ancient Past Can Shape Its Political Future. Princeton: Princeton University Press, 2013.

JORDIS, C. **Gandhi**. Tradução de Paulo Neves. Porto Alegre: L&PM, 2007.

JUNG, C. G.; WILHELM, R. **O segredo da flor de ouro**: um livro de vida chinês. Tradução de Dora Ferreira da Silva e Maria Luíza Appy. Petrópolis: Vozes, 2017.

KAUR, J. **Twenty Years of Impunity**: the November 1984 Pogroms of Sikhs in India. Portland: Ensaaf, 2006.

KOHN, L. (Org.). **Daoism Handbook**. Leiden: Brill, 2000.

KULKE, H.; ROTHERMUND, D. **A History of India**. London: Routledge, 2004.

KUMAR, A. **Radical Equality**: Ambedkar, Gandhi, and the Risk of Democracy. Stanford: Stanford University Press, 2015.

LARAIA, R. **Cultura**: um conceito antropológico. Rio de Janeiro: Zahar, 2002.

LEITE, E. **Religiões antigas da Índia**. Rio de Janeiro: Barroso, 2001.

LEWIS, B. **A crise do islã**. Rio de Janeiro: Zahar, 2004.

LEWIS, B. **O que deu errado no Oriente Médio?** Rio de Janeiro: Zahar, 2002.

LIU, X. **Ancient India and Ancient China**: Trade and Religious Exchanges, AD 1-600. Nova Delhi: Oxford University Press, 1988.

LIU, X. **Silk and Religion**: an Exploration of Material Life and the Thought of People, AD 600-1200. Oxford: Oxford University Press, 1998.

LIU, X. **The Silk Road in World History**. Oxford: Oxford University Press, 2010.

LOWENSTEIN, A. **Persecution of the Rohingya Muslims**: Is Genocide Occuring in Myanmar's Rakhine State? Yale: Yale Law School, 2015.

LU, Y. **The Transformation of Yiguan Dao in Taiwan Adapting to a Changing Religious Economy**. New York: Lexington Books, 2008.

MADDISON, A. **The World Economy**. Paris: Organization for Economic Co-Operation and Development, 2006. v. 2: Historical Statistics.

MAFRA, A.; STALLAERT, C. Orientalismo crioulo: Dom Pedro II e o Brasil do Segundo Império. **Iberoamericana**, v. 16, n. 63, p. 149-168, 2016. Disponível em: <https://www.researchgate.net/publication/310468877_Orientalismo_Crioulo_D_Pedro_II_e_o_Brasil_do_Segundo_Imperio>. Acesso em: 22 set. 2020.

MAGNANI, J. G. **O Brasil da Nova Era**. Rio de Janeiro: Zahar, 2000.

MEIHY, M. **Os libaneses**. São Paulo: Contexto, 2016.

METHA, G. **Carma-Cola**: o marketing do Oriente místico. Rio de Janeiro: Companhia das Letras, 1999.

MIN, A. **Korean Religions in Relation**: Buddhism, Confucianism, Christianity. Albany: Suny Press, 2016.

MISHRA, P. **Tentações do Ocidente**: a modernidade na Índia, no Paquistão e mais além. Tradução de Helena Londres. São Paulo: Globo, 2007.

NAAMAN, A. P. **Maronites**: the Origins of an Antiochene Church. Collegeville: Liturgical Press, 2011.

NAKAGAWA, H. **Introdução à cultura japonesa**: ensaio de antropologia recíproca. São Paulo: M. Fontes, 2008.

NAPOLEÃO, T. De Bonn a Bonn: uma década de engajamento internacional no Afeganistão pós-Talibã. **Conjuntura Austral**, v. 4, n. 15-16, p. 4-22, mar. 2013. Disponível em: <https://seer.ufrgs.br/ConjunturaAustral/article/view/31967/24161>. Acesso em: 16 out. 2020.

NESBITT, E. **Sikhism**: a Very Short Introduction. Oxford: Oxford University Press, 2005.

NIETZSCHE, F. **Assim falou Zaratustra**. Porto Alegre: L&PM, 2015.

OBELD, A. **The Druze and their Faith in Tawhid**. Syracuse: Syracuse University Press, 2006.

ODA, E. Interpretações da "cultura japonesa" e seus reflexos no Brasil. **Revista Brasileira de Ciências Sociais**, São Paulo, v. 26, n. 75, p. 103-117, fev. 2011. Disponível em: <https://www.scielo.br/pdf/rbcsoc/v26n75/06.pdf>. Acesso em: 21 set. 2020.

OKAWA, R. **As leis do Sol**. São Paulo: BestSeller, 2018.

OLIC, N. B.; CANEPA, B. **Geopolíticas asiáticas**: da Ásia Central ao Extremo Oriente. São Paulo: Moderna, 2007. (Coleção Polêmica).

OLIVER, V. L. **Caodai Spiritism**: a Study of Religion in Vietnamese Society. Leiden: Brill, 1976.

OSHIMA, H. **O pensamento japonês**. Tradução de Lenis G. de Almeida. São Paulo: Escuta, 1991.

OSHO. **Autobiografia de um místico espiritualmente incorreto**. São Paulo: Cultrix, 2000.

OWEN, N. (Org.). **Routledge Handbook of Southeast Asian History**. London: Routledge, 2014.

PANIKKAR, R. **Sobre el dialogo intercultural**. Salamanca: San Esteban, 1990.

PARIS-CLAVEL, D. Kung-fu e luta de classes. **Le Monde Diplomatique Brasil**, n. 113, 6 jan. 2017. Disponível em: <https://diplomatique.org.br/kung-fu-e-luta-de-classes/>. Acesso em: 17 set. 2020.

PEARCE, K. E. K. **State, Society, and Religious Engineering**: towards an Reformist Buddhism in Singapore. Singapura: Institute of Southeast Asian Studies, 2009.

PENNY, B. Qigong, Daoism and Science: Some Contexts for the Qigong Boom. In: LEE, M.; SYROKOMLA-STEFANOWSKA, A. (Ed.). **Modernization of the Chinese Past**. Sydney: Wild Peopy, 1993. p. 166-179

POCESKI, M. **Introdução às religiões chinesas**. São Paulo: Ed. da Unesp, 2013.

POUTIGNAT, P.; STREIFF-FENART, S. **Teorias da etnicidade**. Tradução de Elcio Fernandes. São Paulo: Ed. da Unesp, 1999.

PREGADIO, F. **The Daoist Canon (Daozang)**. Turim: Golden Exilir, 2006.

RAVIGNANT, P. **Os loucos de Deus**. São Paulo: M. Fontes, 1986.

RENOU, L. **Hinduísmo**. Rio de Janeiro: Zahar, 1968.

RENOU, L. **O hinduísmo**. Lisboa: Arcádia, 1971.

ROCHEDIEU, E. **Xintoísmo e as novas religiões do Japão**. Lisboa: Verbo, 1982.

RODRIGUES, M. U. **Nómadas e sedentários na Ásia Central**. Lisboa: Campo das Letras, 1999.

ROULEAU, E. Israel face à sua história. **Le Monde Diplomatique Brasil**, n. 22, 4 maio 2009. Disponível em: <https://diplomatique.org.br/israel-face-a-sua-historia/>. Acesso em: 17 set. 2020.

SAI BABA. **Sadhana**: o caminho interior. Tradução de José Hermógenes. São Paulo: Nova Era, 1989.

SAID, E. **Orientalismo**: a invenção do Oriente pelo Ocidente. Tradução de Tomás Rosa Bueno. Rio de Janeiro: Companhia das Letras, 1998.

SAID, K. **Ali e Nino**: a love story. Rio de Janeiro: Nova Fronteira, 2000.

SANTOS, B. de S.; MENESES, M. P. Introdução. In: SANTOS, B. de S.; MENESES, M. P. (Org.). **Epistemologias do sul**. Coimbra: Almedina, 2009a. p. 9-21

SANTOS, B. de S.; MENESES, M. P. (Org.). **Epistemologias do sul**. Coimbra: Almedina, 2009b.

SCHOENMAN, R. **A história oculta do sinonismo**: a verdadeira história da formação do Estado de Israel. Tradução de Carla Garcia Carrion e Rosângela Botelho. São Paulo: Sundermann, 2008.

SCHUMAN, M. **Confúcio e o mundo que ele criou**. São Paulo: Três Estrelas, 2016.

SCHUON, F. **A unidade transcendente das religiões**. São Paulo: Irget, 2011.

SCHUON, F. **O esoterismo como princípio e como caminho**. São Paulo: Pensamento, 1985.

SERRES, P. (Org.). **Sabedoria chinesa**. Tradução de Miguel Mascarenhas. Cascais: Pergaminho, 2003. (Preceitos de Vida, v. 7)

SHAH, I. **A sabedoria dos idiotas**. Tradução de Julia Grillo. São Paulo: Tabla, 2016. (Coleção Filosofia Viva)

SHAHAR, M. **O Mosteiro de Shaolin**: história, religião e as artes marciais chinesas. São Paulo: Perspectiva, 2011.

SHATTUCK, C. **Hinduísmo**. Lisboa: Edições 70, 2008. (Religiões do Mundo).

SHAW, Y. M. A cultura chinesa na visão do Ocidente. In: BOFF, L. (Org.). **China e cristianismo**. Petrópolis: Vozes, 1979. p. 6-25

SILVA, T. T. da. A produção da identidade e da diferença. In: SILVA, T. T. da (Org.); HALL, S.; WOODWARD, K. **Identidade e diferença**: a perspectiva dos estudos culturais. Petrópolis: Vozes, 2000. p. 73-120

SILVA, V. H. O. **Jainismo**: a liberação pela não violência. Curitiba: InterSaberes, 2019.

SINGH, K. **The Illustrated History of the Sikhis**. Oxford: Oxford University Press, 2006.

SINGH, M. **Vaishnavism and Shaivism**. Nova Delhi: Centrum Press, 2011.

SMITH, H.; NOVAK, P. **Budismo**: uma introdução concisa. São Paulo: Cultrix, 2006.

SORJ, B. Decifrando a crise no Oriente Médio. **Política Externa**, São Paulo, v. 23, n. 3, jan. 2015.

SPEER, W. **The Oldest and the Newest Empire**: China and the United States. Cincinnati: National, 1870.

SPENCE, J. **O filho chinês de Deus**. Rio de Janeiro: Companhia das Letras, 1998.

SUH, J.-J. (Ed.). **Origins of North Korea's Juche**: Colonialism, War, and Development. New York: Lexington, 2013.

SUZUKI, D. T. **Introdução ao zen-budismo**. São Paulo: Pensamento, 1971.

TARLING, N. **The Cambridge History of Southeast Asia**. Cambridge: Cambridge University Press, 1999.

TINOCO, C. A. **História das filosofias da Índia**. Curitiba: Appris, 2017. 2 v.

UNZER, E. **História da Ásia**. Columbia: Amazon Publishing, 2019.

UNZER, E. **História do Tibete**. São Paulo: Clube dos Autores, 2018.

VANDERMEERSCH, L. **Wangdao ou la voie royale**: recherches sur l'esprit des institutions de la Chine archaique. Paris: Maisonneuve, 1977. v. 1. (Publications de l'Ecole Francaise d'Extreme-Orient, tome 113)

VANDERMEERSCH, L. **Wang Dao ou la voie royale**: recherches sur l'esprit des institutions de la Chine archaique. Paris: Maisonneuve, 1980. v. 2. (Publications de l'Ecole Francaise d'Extreme-Orient, tome 113)

VISENTINI, P. **A revolução vietnamita**: da libertação nacional ao socialismo. São Paulo: Ed. da Unesp, 2007.

VISENTINI, P. **O grande Oriente Médio**: da descolonização à Primavera Árabe. Rio de Janeiro: Elsevier, 2014.

WAHAB, S.; YOUNGERMAN, B. **A Brief History of Afghanistan**. New York: Facts on File, 2007.

WASHINGTON, P. **O babuíno de Madame Blavatsky**. São Paulo: Record, 2000.

WATTS, A. **Cultura da contracultura**. São Paulo: Fissus, 2002a.

WATTS, A. **Filosofias da Ásia**. São Paulo: Fissus, 2002b.

WINBRANDT, J. **A Brief History of Pakistan**. New York: Facts on File, 2009.

WOODWARD, K. Identidade e diferença: uma introdução teórica e conceitual. In: SILVA, T. T. da (Org.); HALL, S.; WOODWARD, K. **Identidade e diferença**: a perspectiva dos estudos culturais. Petrópolis: Vozes, 2000. p. 6-67

XAVIER, R. **Os Upanichadas**. Rio de Janeiro: Livros do Mundo inteiro, 1972.

XAVIER, R. **Os Vedas**. Rio de Janeiro: Livros do Mundo Inteiro, 1969.

XINPING, Z. Relationship between Religion and State in the People's Republic of China. **Religions & Christianity in Today's China**, v. 4, n. 1, p. 22-23, 2014.

YADGAR, Y. **Israel's Jewish Identity Crisis**: State and Politics in the Middle East. Cambridge: Cambridge University Press, 2020.

YAMAKAGE, M. **Essência do xintoísmo**: a tradição espiritual do Japão. São Paulo: Pensamento, 2010.

YAO, X. **El confucionismo**. Madrid: Akal; Cambridge University Press, 2001.

YU, D. **Confúcio com amor**. São Paulo: BestSeller, 2010.

YUSA, M. **Religiones de Japón**. Madrid: Akal, 2005.

YUSHENG, L. **Yiguandao and Buddhism in Thailand**. Kyoto: Kyoto University's Center for the Promotion of Interdisciplinary Education and Research, 2015.

ZIMMER, H. **Filosofias da Índia**. São Paulo: Palas Athena, 2015.

ZURCHER, E. **The Buddhist Conquest of China**. Leiden: Brill, 2007.

BIBLIOGRAFIA COMENTADA

ADLER, J. **Religiões da China**. Lisboa: Edições 70, 2002. (Religiões do Mundo).

Joseph Adler faz uma apresentação extensa e atualizada das religiosidades chinesas, desde suas origens até os dias atuais. Há uma preocupação em distinguir os quadros religiosos na China continental e expor uma visão recente desses movimentos. Adler, porém, mostra o confucionismo como uma expressão religiosa, consoante uma visão antiga e hoje controversa.

AZEVEDO, M. N. de. **O pensamento do Extremo Oriente**. São Paulo: Pensamento, 1982.

Mesmo sendo antigo, o livro de Murillo Nunes de Azevedo representa uma das primeiras tentativas brasileiras de compor um quadro investigativo sobre as religiosidades asiáticas, com grande ênfase na Índia, mas também com a abordagem de conteúdos básicos das tradições chinesas e japonesas. Ainda hoje, o livro continua a ser uma boa introdução sobre religiosidades do Extremo Oriente, embora não aprofunde os aspectos ou as diferenças filosóficas das escolas e dos movimentos citados.

AZEVEDO, M. S. de. **Iniciação ao islã e sufismo**. São Paulo: Record, 2001.

Trata-se de uma apresentação bem estruturada do movimento sufi, mostrando as crenças, as práticas e as teorias fundamentais da doutrina. O livro serve de introdução à religião islâmica em suas ideias básicas, desenvolvendo o aspecto do sufismo e do esoterismo islâmico.

BONDER, N.; SORJ, B. **Judaísmo para o século XXI**: o rabino e o sociólogo. Rio de Janeiro: Centro Edelstein de Pesquisas Sociais, 2010.

Os dois autores realizam uma discussão filosófica, religiosa e antropológica acerca dos desafios que o judaísmo deve enfrentar no século XXI, compondo um quadro analítico bastante rico sobre as relações dessa religião com a política, a sociedade, a cultura e a vivência religiosa e sua inserção no Brasil.

BURUMA, I.; MARGALIT, A. **Ocidentalismo**: o Ocidente aos olhos de seus inimigos. Rio de Janeiro: Zahar, 2006.

Esse livro é fundamental para compreender as origens dos discursos de ódio que permeiam as sociedades contemporâneas. Os autores mostram que, embora sejam usualmente atribuídas ao mundo árabe, de forma estereotipada, as narrativas sobre um Ocidente decadente e pouco espiritualizado surgiram primeiramente na própria Europa, espalhando-se depois pelo Oriente Médio e pelo Extremo Oriente. Essa investigação é importante, principalmente quando contraposta à obra de Edward Said sobre o orientalismo.

DANIÉLOU, A. **Shiva e Dioniso**: a religião da natureza e do Eros. São Paulo: M. Fontes, 1989.

Alain Daniélou (1907-1994) foi um indólogo e intelectual francês cuja paixão pela Índia fez com que ele se convertesse ao hinduísmo. Dono de uma profícua produção literária sobre esse país, incluindo vários livros sobre sua história, sua cultura e sua música, Daniélou descreve as raízes das relações históricas entre o mundo mediterrânico e a Índia Antiga, propondo que o Ocidente seria devedor, em vários aspectos, da religiosidade e das tradições hindus. O livro é controverso, mas apresenta uma vasta coleta de fragmentos da literatura clássica indiana, transformando-se em uma rica fonte de informações sobre as tradições locais.

DEMANT, P. **O mundo mulçumano**. São Paulo: Contexto, 2013.
Nesse livro, o autor traça um quadro atualizado e abrangente das sociedades islâmicas espalhadas pelo mundo, analisadas sob as perspectivas histórica e cultural. Peter Demant investiga o movimento islâmico, suas variações e escolas, seus desafios e problemas. Trata-se de um livro informativo e indispensável para uma biblioteca de estudos islâmicos e religiosos.

FARAH, P. D. **O islã**. São Paulo: Publifolha, 2001. (Folha Explica).
Essa obra constitui uma pequena e agradável introdução à religiosidade islâmica, que Paulo Daniel Farah faz com grande poder de síntese. O livro apresenta as informações básicas sobre o surgimento da religião, suas divisões e seu desenvolvimento cultural.

GONÇALVES, R. M. **Textos budistas e zen-budistas**. São Paulo: Cultrix, 1976.
Ricardo Mário Gonçalves é um grande intelectual e religioso, tendo atuado na Universidade de São Paulo (USP) durante décadas, ajudando a promover os estudos asiáticos. Ordenou-se monge budista e tem uma vinculação profunda com essa religiosidade. Em sua obra, Gonçalves apresenta uma coleção de trechos de textos budistas cruciais para a compreensão histórica e teológica da doutrina. Trata-se de um livro-fonte importante tanto para a pesquisa quanto para o uso didático.

HALL, S. **A identidade cultural na pós-modernidade**. Rio de Janeiro: DP&A, 2004.
Stuart Hall apresenta uma rica discussão sobre o papel das identidades no mundo contemporâneo. Fragmentadas, conflitivas e dinâmicas, as identidades têm sido analisadas e reinterpretadas nos mais diversos sentidos, a ponto de seu próprio significado constituir o fulcro de uma importante discussão teórica e social. Hall aborda alguns elementos desse debate, em um livro indispensável em estudos culturais contemporâneos.

HERTZBERG, A. **O judaísmo**. Rio de Janeiro: Zahar, 1968.
Esse livro traz uma exposição abrangente e ilustrativa dos ritos, das crenças, das práticas e dos costumes do judaísmo, além de passagens importantes de sua literatura. Essa religião apresenta doutrinas, movimentos e interpretações distintas, temas que são analisados pelo autor.

HOURANI, A. **O pensamento árabe na era liberal**: 1798-1939. Rio de Janeiro: Companhia das Letras, 2005.
Quase desconhecido do público brasileiro, o islã apresenta importantes movimentos intelectuais e filosóficos que são abordados de forma brilhante por Alberto Hourani. Em seu livro, podemos conhecer os personagens, os debates e as ideias que compõem a formação do mundo muçulmano na modernidade, além das origens de muitas das visões que estruturam a realidade dos países islâmicos no mundo.

HOURANI, A. **Uma história dos povos árabes**. Rio de Janeiro: Companhia das Letras, 1994.
Nesse outro trabalho, Hourani faz uma extensa e detalhada apresentação da trajetória histórica dos povos árabes, mostrando seu desenvolvimento, sua tensões, suas divergências e suas particularidades culturais. É um livro importante para desfazer os estereótipos e os preconceitos que cercam o mundo árabe, marcado por uma história rica e conflituosa, na qual a diversidade de ideias e de crenças foi – e ainda é – um elemento presente nas visões religiosas e culturais.

METHA, G. **Carma-Cola**: o marketing do Oriente místico. Rio de Janeiro: Companhia das Letras, 1999.

A escritora indiana Gita Metha apresenta, de forma prazerosa e divertida, o fenômeno do esoterismo e do movimento *hippie* nas décadas de 1960 a 1980. Tendo vivenciado muitos episódios relacionados a essas experiências religiosas e culturais, Metha reúne suas memórias em uma crítica e bem-humorada análise dos estereótipos, do imaginário e do consumo das práticas e das crenças "orientais" entre os ocidentais.

MISHRA, P. **Tentações do Ocidente**: a modernidade na Índia, no Paquistão e mais além. São Paulo: Globo, 2007.

Importante crítico da situação política e cultural da Índia atual, Pankaj Mishra traça um quadro poderoso e minucioso da sociedade daquele país, incluindo a ascensão do radicalismo hindu, o cenário cultural das eleições ao cinema, os problemas das castas e da política, entre outros temas. O autor ainda faz uma análise do Nepal e do Tibete, tentando apresentar ao público uma visão diversa e direta das realidades dessas regiões, para além dos estereótipos cristalizados no imaginário midiático.

NAKAGAWA, H. **Introdução à cultura japonesa**: ensaio de antropologia recíproca. São Paulo: M. Fontes, 2008.

O livro reúne um conjunto de ensaios de Hisayasu Nakagawa, importante intelectual japonês que viveu durante anos na Europa. Ressaltando, de forma agradável e inteligente, as diferenças (e as semelhanças) entre a cultura japonesa e as sociedades europeias, Nakagawa discute alguns dos principais conceitos que formam o imaginário sobre "ser japonês" na atualidade. Em breves, sensíveis e profundos apontamentos, o autor apresenta um quadro bastante esclarecedor sobre a cultura e sociedade japonesa, suas singularidades, suas aproximações e suas características, constituindo uma excelente e consciente abordagem antropológica sobre essa civilização.

OSHIMA, H. **O pensamento japonês.** Tradução de Lenis G. de Almeida. São Paulo: Escuta, 1991.

Essa obra, pouco conhecida no Brasil, compõe uma densa e excelente apresentação do desenvolvimento histórico do pensamento japonês. Hitoshi Oshima faz uma abordagem direta das principais escolas filosóficas surgidas no Japão, suas ideias principais e seus conceitos fundamentais. O autor também analisa o impacto do pensamento ocidental na religiosidade japonesa e, por fim, cita alguns dos mais importantes pensadores contemporâneos japoneses. Trata-se de um trabalho referencial, cuja riqueza de detalhes e de informações o transforma em uma indicação fundamental para os estudos japoneses.

OWEN, N. (Org.). **Routledge Handbook of Southeast Asian History.** London: Routledge, 2014.

Norman Owen organiza e apresenta uma série de estudos bastante atualizados sobre a história do Sudeste Asiático, contemplando as questões religiosas. É um livro facilmente encontrado, que traz um extenso e abrangente quadro da pluralidade cultural e religiosa da região.

PANIKKAR, R. **Sobre el dialogo intercultural.** Salamanca: San Esteban, 1990.

O pensador Raimon Panikkar (1918-2010) foi fundamental na estruturação de um sistema teórico de diálogo intercultural, baseando suas experiências nos campos filosófico e religioso. Dono de uma produção profícua, o autor apresenta nesse livro as ideias que norteariam sua obra, indicando os conceitos e os métodos necessários para desenvolver uma aproximação intercultural de saberes, crenças e símbolos. Grande crítico do mundo contemporâneo, Panikkar defendia um retorno à vivência e à compreensão espiritualizada da vida, conectando religiões, ecologia, filosofia e política em um sistema integrado de conhecimento.

POCESKI, M. **Introdução às religiões chinesas**. São Paulo: Ed. da Unesp, 2013.

Assim como no trabalho de Joseph Adler, Mario Poceski concebe uma análise atualizada das religiosidades chinesas, privilegiando seus aspectos antropológicos e culturais. Sua percepção sobre as visões tradicionais chinesas representa um diferencial em relação à obra de Adler, o que torna seu livro um contraponto enriquecedor ao entendimento daquele autor.

RENOU, L. **Hinduísmo**. Rio de Janeiro: Zahar, 1968.

Essa obra, do grande indólogo francês Louis Renou (1896-1966), continua a ser um excelente e magnífico repositório de textos clássicos da religião hinduísta. Renou apresenta o hinduísmo em sua própria literatura, contemplando desde os Vedas até autores mais recentes, como Gandhi, com fragmentos dos mais diversos gêneros, como ritualística, mitologia, teatro, história, filosofia e política. O autor ainda representa uma fonte significativa e atualizada de informações sobre o hinduísmo clássico, tornando-se indispensável em uma biblioteca de estudos asiáticos.

RODRIGUES, M. U. **Nómadas e sedentários na Ásia Central**. Lisboa: Campo das Letras, 1999.

Outro tema raro em língua portuguesa, a Ásia Central é analisada na obra do historiador português Miguel Urbano Rodrigues, que examina a dinâmica histórica dessa região ao longo dos séculos. É outro trabalho praticamente único no âmbito da literatura lusófona.

SAID, E. **Orientalismo**: a invenção do Oriente pelo Ocidente. Tradução de Tomás Rosa Bueno. Rio de Janeiro: Companhia das Letras, 1998.

Edward Said (1935-2003) foi um dos principais responsáveis por revolucionar os estudos acerca do Oriente, revelando o quanto a ideia sobre essa região foi uma criação imaginária e estética produzida pelos europeus do século XIX, com importantes funções ideológicas e coloniais. Nesse livro imprescindível, Said revela a arquitetura conceitual da homogeneização e da inferiorização impostas pelo imperialismo eurocêntrico às civilizações afro-orientais. O orientalismo, como componente ideológico, ainda está presente em várias culturas, contaminando profundamente a compreensão das sociedades asiáticas e reproduzindo continuamente preconceitos e estereótipos. A obra de Said pode ser considerada uma das mais importantes produzidas no campo das ciências humanas no século XX.

SCHUMAN, M. **Confúcio e o mundo que ele criou**. São Paulo: Três Estrelas, 2016.

Michael Schuman descreve a história do confucionismo de maneira detalhada e inovadora. Incorporando estudos atuais, o autor mostra que a obra de Confúcio nem sempre foi unânime e passou por várias críticas e transformações. Do mesmo modo, Schuman discute como a doutrina confucionista foi associada à ideia de religião a partir do século XVI, em função dos jesuítas – que não conseguiam compreender como os ensinamentos de Confúcio puderam durar tanto tempo sem constituir o que entendemos como um *credo religioso*. Com uma escrita leve e informativa, o livro é uma boa referência sobre os estudos chineses e o confucionismo, uma obra rara em nosso idioma.

SHATTUCK, C. **Hinduísmo**. Lisboa: Edições 70, 2008. (Religiões do Mundo).

Da mesma coleção de *Religiões da China*, de Jospeh Adler, o livro de Cybelle Shattuck é um retrato recente, moderno e dinâmico da história, das crenças, da literatura e das práticas do hinduísmo. Atravessando os séculos, a autora parte das origens das religiões indianas (século XX A.E.C?) – e chega ao mundo contemporâneo, discutindo os desafios que o hinduísmo enfrenta na Índia moderna, o que permite estabelecer uma conexão fértil com o livro de Pankaj Mishra.

SILVA, V. H. O. **Jainismo**: a liberação pela não violência. Curitiba: InterSaberes, 2019.

Trabalho raríssimo em língua portuguesa, o livro de Victor Hugo Oliveira Silva apresenta a riqueza da religião jaina, sua trajetória histórica, seus conceitos e sua presença no mundo atual. Trata-se de um importante trabalho sobre essa doutrina, pouquíssimo conhecida fora do âmbito dos estudos indianos, com texto bastante enriquecedor e informativo.

SMITH, H.; NOVAK, P. **Budismo**: uma introdução concisa. São Paulo: Cultrix, 2006.

Como o título já indica, o livro apresenta uma introdução histórica e filosófica ao surgimento e à difusão do budismo no mundo. Huston Smith e Philip Novak são especialistas em história da religião e constroem um panorama bastante elucidativo sobre as características gerais dessa religiosidade, suas escolas e suas organizações. É um manual básico, mas bastante proveitoso para conhecer os fundamentos do budismo.

SUZUKI, D. T. **Introdução ao zen-budismo**. São Paulo: Pensamento, 1971.

Daisetz Teitaro Suzuki (1870-1966) foi, talvez, o mais importante mestre zen a divulgar o budismo japonês no mundo ocidental. Seus férteis diálogos com a história, a filosofia e a psicologia trouxeram uma nova luz para a compreensão da vertente zen fora do Japão e da China. Os ensaios reunidos nesse livro constituem, até hoje, uma elucidativa apresentação dessa doutrina, suas práticas e seus conceitos. As obras de Suzuki influenciaram profundamente budistas e esotéricos ocidentais, tornando o autor uma referência no campo de estudos sobre o budismo.

TINOCO, C. A. **História das filosofias da Índia**. Curitiba: Appris, 2017. 2 v.

Carlos Alberto Tinoco é um importante pesquisador do pensamento e das religiões indianas, trazendo em dois volumes uma extensa e rica apresentação do tema. Seu trabalho perfaz uma descrição detalhada da história e das crenças hindus e budistas, tornando-se referência para os estudos sobre o assunto.

UNZER, E. **História da Ásia**. Columbia: Amazon Publishing, 2019.

Emiliano Unzer, um dos seletos professores de história asiática na academia brasileira, apresenta um quadro geral da história asiática contemporânea, incluindo a China, o Japão, o Sudeste Asiático e a Coreia. Trata-se de uma obra atualizada, informativa e necessária.

UNZER, E. **História do Tibete**. São Paulo: Clube dos Autores, 2018.

Unzer oferece ao público uma obra única, que conta a história da civilização tibetana. Com clareza, consciência e responsabilidade, o autor apresenta a trajetória do Tibete livre de preconceitos ou estereótipos, com base em fontes históricas confiáveis, compondo uma narrativa informativa e esclarecedora. Não há, até a presente data, qualquer livro equivalente em língua portuguesa, o que torna a obra de Unzer indispensável em um acervo de estudos orientais.

WILLIAMS, J. A. **O islamismo**. Rio de Janeiro: Zahar, 1968.

Assim como os trabalhos de Renou, o livro de John Alden Williams apresenta um relato geral sobre o islamismo, contemplando alguns de seus textos, de suas crenças e de suas escolas. É um livro básico sobre a religião islâmica, mas rico e esclarecedor.

YAMAKAGE, M. **Essência do xintoísmo**: a tradição espiritual do Japão. São Paulo: Pensamento, 2010.
Importante exposição acerca da religiosidade xintoísta, a obra apresenta as características gerais dessa doutrina, com questões históricas e informações importantes, constituindo um trabalho relevante sobre o assunto.

YOSHINORI, T. (Org.). **A espiritualidade budista I**: Índia, Sudeste Asiático, Tibete e China primitiva. São Paulo: Perspectiva, 2006.
Esse é, com certeza, um dos mais completos, informativos e abrangentes estudos sobre o budismo lançados no Brasil. Analisando a presença das diversas escolas budistas no mundo asiático, o livro traz uma grande riqueza de informações, representando um trabalho referencial sobre essa religião.

YOSHINORI, T. (Org.). **A espiritualidade budista II**: China mais recente, Coréia, Japão e mundo moderno. São Paulo: Perspectiva, 2007.
Continuação do volume anterior, esse livro apresenta a situação do budismo no mundo contemporâneo, seus impactos e seus desafios. É uma coletânea fundamental, que propõe análise atualizada da religiosidade budista, realizada por especialistas.

ZIMMER, H. **Filosofias da Índia**. São Paulo: Palas Athena, 2015.
O livro de Heinrich Zimmer (1890-1943) é antigo, mas ainda constitui uma cuidadosa, sensível e minuciosa abordagem sobre as escolas filosóficas indianas. O autor conseguiu superar estereótipos orientalistas, trazendo à luz uma importante análise do pensamento indiano, de suas tradições e de suas ideias.

RESPOSTAS

Capítulo 1
Atividades de autoavaliação
1. a
2. a
3. b
4. c
5. b

Capítulo 2
Atividades de autoavaliação
1. a
2. b
3. b
4. a
5. c

Capítulo 3
Atividades de autoavaliação
1. a
2. c
3. d
4. a
5. a

Capítulo 4
Atividades de autoavaliação
1. b
2. a
3. b
4. d
5. a

Capítulo 5
Atividades de autoavaliação
1. b
2. a
3. a
4. b
5. c

Capítulo 6
Atividades de autoavaliação
1. b
2. a
3. a
4. c
5. b

Capítulo 7
Atividades de autoavaliação
1. b
2. b
3. a
4. c
5. a

Capítulo 8
Atividades de autoavaliação
1. a
2. b
3. c
4. c
5. b

SOBRE O AUTOR

André da Silva Bueno é graduado em História (1998) pela Universidade Federal do Rio de Janeiro (UFRJ); mestre em História (2002) pela Universidade Federal Fluminense (UFF); doutor em Filosofia (2005) pela Universidade Gama Filho (UGF); e pós-doutor em História Antiga (2012) pela Universidade Federal do Estado do Rio de Janeiro (Unirio). É professor adjunto de História Oriental na Universidade do Estado do Rio de Janeiro (UERJ). Tem experiência nas áreas de história e de filosofia, com ênfase em sinologia, atuando principalmente nos seguintes temas: pensamento chinês, confucionismo, história e filosofia antigas, diálogos e interações culturais entre Oriente e Ocidente e ensino de História. Já publicou mais de dez livros sobre história e pensamento asiático, além de traduções de Confúcio e Sunzi. Desde 1998, coordena o Projeto Orientalismo, que divulga fontes chinesas e indianas traduzidas na internet. Foi pesquisador da Biblioteca Nacional (BN) de 2018 a 2019 e, atualmente, é colaborador do Laboratório de Estudos da Ásia (LEA) da Universidade de São Paulo (USP) e membro das seguintes instituições: Laboratório de História das Experiências Religiosas (Lher) da Universidade Federal do Rio de Janeiro (UFRJ); Laboratório de Aprendizagem Histórica (Laphis) da Universidade Estadual do Paraná (Unespar); Leitorado Antiguo da Universidade de Pernambuco (UPE); Rede Brasileira de Estudos da China (RBChina); Associação Latino-Americana de Estudos de Ásia e África (Aladaa); Rede Iberoamericana de Sinologia (RibSi); Associação Europeia de Estudos Chineses; Associação Europeia de Filosofia Chinesa; Council for Research in Values and Philosophy

(CRVP), com sede em Washington, DC, nos Estados Unidos; International Research Group for Culture and Dialogue (IRGCD) – rede de pesquisadores de vários países, atualmente sediada em Galway, na Irlanda; International Confucian Association (ICA), com sede em Beijing, na China; e Re-Learning to Be Human for Global Times: The Role of Intercultural Encounters, projeto com sede em Iasi, na Romênia.

Os papéis utilizados neste livro, certificados por instituições ambientais competentes, são recicláveis, provenientes de fontes renováveis e, portanto, um meio **responsável** e natural de informação e conhecimento.

FSC MISTO
Papel produzido a partir de fontes responsáveis
FSC® C103535

Impressão: Reproset
Fevereiro/2023